"J'ai tout essayé !"

Du même auteur

Aux éditions Lattès :

- *L'Intelligence du cœur. Rudiments de grammaire émotionnelle*, 1997, Poche Marabout, 1998.
- *Au cœur des émotions de l'enfant. Comprendre son langage, ses rires, ses pleurs,* 1999, Poche Marabout, 2001.
- *Que se passe-t-il en moi ? Mieux vivre ses émotions au quotidien,* 2001. Poche Marabout, 2002.
- *L'Année du bonheur. 365 exercices de vie jour après jour,* 2001, Poche Marabout, 2002.
- *Je t'en veux, je t'aime. Ou comment réparer la relation à ses parents,* 2004, Poche Marabout, 2005.
- *Fais-toi confiance. Ou comment être à l'aise en toutes circonstances,* 2005, Poche Marabout, 2007.
- *Il n'y a pas de parent parfait,* 2008, Poche Marabout, 2009.
- *Les Autres et moi. Comment développer son intelligence sociale,* 2009, Poche Marabout, 2010.

Aux éditions La Méridienne :

- *Le Corps messager*, avec Hélène Roubeix, 1988, édition augmentée et rééditée en coéd. avec Desclée de Brouwer en 2003. Poche Marabout, 2010.

Aux éditions Belfond :

- *Trouver son propre Chemin*, 1991, Presse Pocket, 1992.

Aux éditions Dervy :

- *L'Alchimie du bonheur*, 1992, 1998, réédité sous le titre Utiliser le stress pour réussir sa vie en 2006.
- *Le Défi des mères*, avec Anne-Marie Filliozat, 1994, réédité sous le titre *Maman, je ne veux pas que tu travailles* en 2009.

Isabelle Filliozat

illustrations d'Anouk Dubois

"J'ai tout essayé !"

Opposition, pleurs et crises de rage : traverser sans dommage la période de 1 à 5 ans

À mon cher et tendre Éric ainsi qu'à nos deux merveilles, Salomé et Juliette.

Anouk

À Margot, ma fille,

À Adrien, mon fils,

qui éblouissent ma vie au quotidien.

Vous m'avez tant donné à me questionner et à penser.

Vous m'avez tant appris!

J'aurais aimé dans votre petite enfance savoir déjà ce que je sais aujourd'hui pour vous accompagner encore plus près de vos besoins.

Isabelle

« Tous les adultes ont été des enfants un jour,
même si peu s'en souviennent. »

Antoine de SAINT-EXUPÉRY

Sommaire

Avant propos

Isabelle Filliozat

J'ai deux enfants. En tant que maman, j'ai vécu des moments de grand bonheur lorsque je me sentais en phase avec moi-même et avec mes enfants, et j'ai aussi vécu des instants de grande détresse. Je me suis sentie impuissante, pleine de doutes, remise en question. J'aurais aimé trouver un livre qui me donne des informations sur ce que pouvait vivre mon enfant dans telle ou telle situation, et des pistes pour définir ma propre attitude. Je récusais les analyses trop rapides des bons conseilleurs : « Elle fait un caprice, il cherche à te manipuler, il faut que tu lui montres qui commande… » D'une part, le peu que je savais du cerveau d'un enfant me faisait douter de sa capacité à avoir de telles stratégies, d'autre part, il me semblait étrange que les enfants d'un groupe d'âge donné aient des comportements si similaires. Cela devait avoir une signification. Est-ce que ces comportements si dérangeants pour les parents pouvaient être interprétés comme une lutte de pouvoir alors même qu'il semblait que la plupart des enfants de deux ans fassent de grandes colères, qu'un enfant de dix-huit mois à qui l'on demande de ne pas faire quelque chose va le faire en vous regardant dans les yeux, que les garçons de douze ans ne se lavent guère et les filles de quinze stockent toute la vaisselle (sale) de la maison dans leur chambre... Dès lors qu'un comportement semble si répandu, puis-je encore l'interpréter comme une manipulation dirigée contre moi? Mon hypothèse de travail est que les comportements des enfants, même les plus extrêmes, sont d'abord au service de leurs propres besoins de croissance. Mieux comprendre les motivations des enfants me paraissait fondamental car ce sont nos interprétations (notre compréhension) qui guident nos comportements.

Et puis, les modèles traditionnels d'éducation n'avaient guère fait leurs preuves, je le constatais tous les jours dans mon cabinet de psychothérapeute mais aussi, comme vous, dans ma vie quotidienne. La confiance en soi, la sécurité intérieure, l'harmonie relationnelle ne sont pas si fréquentes dans la population adulte. Or, je voulais cela pour mes enfants, les aider à devenir des adultes responsables et autonomes, à l'aise dans la société, et non des adultes paniqués à l'idée de parler en public ou ne respectant le code de la route que par peur du gendarme.

Je voulais, face aux diverses situations qui ne manqueraient pas de surgir, adopter une attitude qui soit véritablement éducative. J'allais donc réfléchir plutôt que d'agir de manière réflexe.

C'est le produit de ces réflexions que je vous livre dans cet ouvrage. Ce ne sont pas des recettes, aucune recette éducative n'existe pour « réussir » un enfant à tout coup ! Souvent, lors d'une conférence, d'une émission de radio, des parents m'interpellent en me demandant « LA » solution à ce qu'ils définissent comme leur problème. Cette solution n'existe pas toute faite et prête à l'emploi. Il y a toujours plusieurs façons de regarder un problème et donc toujours plusieurs solutions. Méfions-nous des donneurs de leçons qui voient « une seule solution » à un conflit relationnel.

Une maman demande le micro : Comment réagir aux colères d'un enfant de trois ans ? Le comportement de l'enfant, ici les colères, est défini comme un problème auquel il faudrait réagir. Comme si les colères de cet enfant étaient toutes les mêmes et n'avaient pas de causes. La question présuppose qu'il y aurait une technique efficace pour toutes les colères quelle que soit leur origine. Nous verrons, p. 41, que la mère, par ignorance de ce que pouvait vivre son fils à son âge, avait suscité elle-même cette colère à laquelle elle me demandait comment réagir. Vous allez découvrir avec stupéfaction comment, inconsciemment bien sûr, vous êtes parfois vous-même à l'origine du déclenchement des comportements que vous réprouvez. La réponse était là depuis toujours. Dès que j'ai compris ce qui se passait entre mes enfants et moi, l'évidence m'a sauté aux yeux. J'étais responsable de nombre de leurs comportements d'opposition, ils réagissaient comme réagissent tous les humains à la contrainte, aux ordres, ils éprouvaient les mêmes émotions que les adultes, que moi-même... En modifiant mon comportement à leur égard, je pouvais obtenir ce qui sinon glissait entre mes mains comme un savon mouillé. Ce fut comme une révélation, que je vais vous offrir dans ce livre.

« J'ai tout essayé. » J'ai tant entendu cette phrase. Elle signifie : j'ai utilisé toute la batterie de mes automatismes pour tenter de réprimer le problème. Il m'a paru utile de faire un livre permettant tout d'abord de mieux identifier la source des difficultés, puis présentant des options auxquelles souvent nous ne pensons pas dans le feu de l'action.

Anouk Dubois

Je suis née en 1970. Dès que j'ai pu tenir un crayon en main, j'ai passé le plus clair de mon temps à dessiner. Aussi, des études supérieures artistiques me sont apparues comme une évidence. Et puis, un jour, j'ai relevé la tête de ma feuille pour voir un peu ce qui se passait autour de moi, euh, non, plus bas... J'allais avoir un bébé! Et ce fut un feu d'artifices de questions dans ma tête. Comme j'aime tout ce qui est papier, je me suis d'abord plongée dans les livres pour trouver réponses à mes questions: c'est quoi un bébé? Ça parle quelle langue? Dans quel sens doit-on le tenir? Pourquoi il pleure? À quel âge peut-il éplucher des crevettes? Bref, tout ce qu'un parent souhaite connaître pour que la rencontre et la suite se passent au mieux.

N'ayant pas forcément trouvé toutes les réponses, j'ai décidé de reprendre ma formation. C'est ainsi que je devins formatrice en « Communication efficace » selon la méthode du Dr Thomas Gordon et instructrice certifiée de l'Aware Parenting Institute. Ces bagages supplémentaires m'ont vraiment éclairée sur de nombreux points et c'est dans la joie que ma nouvelle famille a accueilli la naissance d'une petite sœur pour Salomé, ouvrant de nouveaux horizons parentaux. J'ai continué sur ma lancée pour décrocher mon diplôme de psycho-motricienne. Je possédais désormais plus d'un tour dans mon sac pour que mes questions trouvent réponses. Les livres restant toujours mes fidèles compagnons, j'aurais bien vu, parfois, l'une ou l'autre illustration venir se glisser dans les pages d'écriture psy afin de donner une lisibilité supplémentaire à l'écrit (mon côté artistique veille toujours). Et de pages en rencontres, ce souhait a pu se… dessiner! Les illustrations qui accompagnent cet ouvrage sont le fruit d'une rencontre heureuse entre Isabelle et moi, une autre façon de faire passer des mes-sages, un langage dessiné pour mieux comprendre et apprendre grâce à notre passion commune pour l'en-fance et le souhait de la voir s'épanouir dans des rela-tions plus harmonieuses au sein de la famille.

Mode d'emploi

Un premier dessin campe une situation familière. Une réaction parentale est ensuite caricaturée. En regard de cette réaction :

Le vécu de l'enfant. Garçon et fille alterneront pour respecter la parité. Cette parité sera aussi respectée dans l'alternance des pronoms il ou elle. Ce choix peut dérouter le lecteur français, habitué à la dominance du masculin. Mais la langue n'est pas neutre, elle imprime nos inconscients et entérine les stéréotypes[1]. Il nous paraît important que le masculin ne l'emporte plus toujours sur le féminin. Nous avons fait ce choix de l'alternance plutôt que d'alourdir la lecture par l'ajout systématique de (e). Bien sûr, les messages portés par le petit garçon concernent aussi les filles et inversement.

Je vais te dire ce qui se passe pour moi.

1. http://www.cemeaction.be/?p=461

Une ampoule LED éclairant la situation sous l'angle des découvertes des neuro-sciences et de la psychologie expérimentale.

→ **Une option de parentalité positive,** présentée par Isabelle, croquée par Anouk.

Cette simplification, une situation, une option, n'a d'autre projet que pédagogique, il est clair que face à chaque situation, une multitude d'options peut être envisagée.

Ne nous croyez surtout pas! Ce livre ne vous présente pas de vérité. À chacun d'observer, de sentir, d'expérimenter. Certaines attitudes proposées de parentalité positive vous paraîtront simplistes, idéalistes. Nous sommes si accoutumés aux conflits familiaux qu'ils nous paraissent naturels, si habitués à ce que nos enfants ne coopèrent pas, que nous hésitons à croire que ce puisse être possible et de plus, si aisément. Quand on s'est arc-boutés pour pousser une porte, il peut être déconcertant de découvrir qu'il suffisait de la tirer pour qu'elle s'ouvre. Là est un peu le propos de cet ouvrage, analyser le sens d'ouverture plutôt qu'y aller en force.

Cet ouvrage ne traite que peu des émotions, j'ai traité ce thème dans *Au cœur des émotions de l'enfant*. Ici, nous avons voulu nous concentrer sur les comportements qui énervent particulièrement les parents. Les caprices en sont-ils vraiment? Que se passe-t-il pour l'enfant? Ces questions qui donnent le ton de l'ensemble seront abordées dès le **premier chapitre**. L'éducation d'un enfant est avant tout une relation. Privilégier cette dernière est toujours prioritaire. De l'agressivité aux mauvais résultats scolaires, une mauvaise relation entraîne toutes sortes de symptômes. Une bonne relation permet en revanche de faire face aux difficultés et de  surmonter, ensemble, les obstacles. Et pourtant, nous oublions trop facilement cette priorité. Préserver la relation ne signifie pas pour autant chercher à se faire aimer de l'enfant en lui « passant » tout. Le besoin fondamental de tout enfant est de se sentir aimé. Évident, me direz-vous. Oui, mais pas tant que cela au quotidien pour le tout petit, qui voit, lui, mille raisons de ne pas se sentir aimé, même s'il l'est. Nous verrons comment remplir le réservoir d'amour de nos chérubins et nourrir leur sentiment de sécurité. Une sécurité sur la base de laquelle nous pourrons construire notre éducation.

La tentation est forte de tout interpréter en termes de manque d'affection. Mais les comportements des petits ont bien d'autres causes. Tension excessive, sur-charge de stimulation, ennui ou simple besoin physiologique, nous explorerons ces autres facteurs de crises.

Face au même bruit, un nourrisson va pleurer, un autre va ouvrir les yeux tout grand... Terreur pour l'un, objet de curiosité pour l'autre... Quand il vient au monde, le bébé a déjà neuf mois de vie, neuf mois d'expérience. Aucun parent non plus ne ressemble à un autre, chacun a sa propre histoire, ses propres besoins et objectifs, ses limites, en fonction de son âge, de ses hormones, de sa position sociale et économique qui ne lui donne pas la même disponibilité à l'enfant. Et aucune relation parent-enfant ne ressemble à une autre parce qu'elle s'inscrit chaque fois entre deux personnes distinctes et dans un environnement spécifique. À chacun donc de créer sa propre relation à son enfant. Pour autant, nous appartenons tous à l'espèce humaine, et le cerveau d'un enfant de

deux ans ressemble plus à celui d'un autre enfant de deux ans qu'à son propre cerveau à l'âge adulte. Nous savons bien que l'enfant n'est pas un adulte en miniature, mais force est de constater que nous lui reprochons souvent de ne pas se comporter en adulte ! Nombre de réactions incompréhensibles de nos enfants sont en fait liées à des malentendus. Parce que son cerveau est en développement, l'enfant ne voit pas, ne comprend pas les choses tout à fait comme nous. Méconnaître cela est source de nombre de conflits, de punitions inutiles et d'exaspération parentale. La guerre, somme toute, n'existe que parce que le parent attend quelque chose de l'enfant. Ces attentes sont-elles réalistes par rapport à son âge? Un petit garçon ment... peut-on se comporter avec lui de la même manière s'il a deux ou quatre ans? Réfléchissons ensemble et adaptons nos attitudes pour une éducation qui réponde aux besoins spécifiques de notre enfant et non à ceux d'un enfant hypothétique!

Le chapitre 2 couvrira l'aventure des douze à dix-huit mois. **Le chapitre 3** sera consacré aux caprices, à l'opposition, aux colères de l'enfant de dix-huit mois à deux ans. **Le chapitre 4** nous permettra d'explorer le monde de l'enfant de vingt-quatre à trente mois, soit deux ans et demi. **Au chapitre 5**, nous découvrirons l'univers égoïste de l'enfant de trente mois à trois ans. **Au chapitre 6**, nous verrons comment réagir aux transgressions de l'enfant de trois ans à trois ans et demi. Entre trois ans et demi et quatre ans, l'enfant affronte de nouvelles peurs, nous en parlerons au **chapitre 7**. L'enfant de quatre ans est déjà un autre, insolence, mensonges, peurs et cauchemars, le **chapitre 8** lui sera consacré. **Chapitre 9**, de quatre ans et demi à cinq ans, les périodes les plus éprouvantes pour le parent sont passées.

Certains enfants marchent à neuf mois et d'autres à dix-huit. Certains manient un langage très élaboré à vingt-deux mois et d'autres ne commencent à construire des phrases qu'à trois ans. Dans tous les domaines de la croissance, les variations interindividuelles sont naturelles et non pathologiques.

Écrire un livre suppose de faire des généralités, or ces dernières sont toujours fausses, puisqu'elles ne prennent pas en compte la spécificité des individus. Toutefois, ces généralités m'ont paru utiles pour que nous, parents, cessions d'attendre de nos enfants des comportements qui ne sont pas de leur âge et comprenions mieux leurs réactions. Pour ne pas alourdir le texte, nous n'allons pas assortir chaque phrase de « parfois » et « il arrive que… » et comptons sur vous pour les ajouter. De même, nous avons au maximum évité de nous répéter, pourtant, nombre de réactions enfantines peuvent se présenter à plusieurs âges. Nous vous invitons donc à parcourir l'ensemble du livre pour y retrouver votre enfant, même s'il a déjà « dépassé » tel ou tel âge.

De la même manière que nous sommes « du soir » ou « du matin », et plus ou moins sensibles aux odeurs ou aux bruits. Chaque enfant a son propre rythme, sa propre sensibilité, son propre développement. Votre enfant n'est pas anormal s'il n'a pas peur des étrangers à quinze mois ou s'il ne fait jamais de crise ! Que ces comportements soient naturels ne signifie pas qu'ils soient obligatoirement présents, mais qu'ils sont susceptibles de se manifester. Par ailleurs, si le cerveau ne change pas de manière spectaculaire le jour de l'anniversaire de l'enfant, il ne se développe pas non plus de manière continue mais semble opérer un développement en sinusoïde, ce qui signifie que ce qui est acquis à quatorze mois, par exemple, peut être remis en cause à dix-sept. Le cerveau d'un enfant est en refonte régulière. Chaque période de réaménagement important est évidemment assortie de régressions, de désorganisation et d'angoisse.

Lire notre livre pourrait faire croire que les enfants ne sont que soucis, c'est loin d'être le cas. La vie avec un enfant est un délice au quotidien, ou peut le devenir. Si nous nous sommes concentrées sur les situations problématiques, c'est parce qu'elles abîment la relation, détériorent tant la vie de l'enfant que celle du parent... et du couple parental!

Nombre de parents sont habités par la profonde conviction que les punitions sont nécessaires et peuvent être justes. Pour certaines, gifles et fessées font partie de l'arsenal éducatif naturel d'un parent. Malgré l'inefficacité de leurs approches, ces croyances ne sont pas faciles à remettre en cause, d'une part parce qu'elles sont partagées par une majorité de parents et ce, depuis des siècles et d'autre part, parce qu'imaginer d'autres options demande un peu de temps et de sérénité. Parce qu'on ne connaissait que très peu de chose sur le cerveau, nos ancêtres, nos parents ont pu croire à l'innocuité de l'éducation par la crainte. L'imagerie cérébrale, nos connaissances sur les neurones, sur les hormones du stress, sur l'intelligence et la mémoire, nous montrent sans équivoque qu'il est urgent de choisir un mode éducatif non-violent. Outre les séquelles affectives, les conséquences physiologiques sont désormais indéniables. Les chercheurs ont montré que les attitudes éducatives ne semblent pas influencées par la raison. Nous butons sur les résonances de notre propre histoire. L'intensité

de nos réactions émotionnelles ne nous permet pas d'être le parent que nous aurions envie d'être, et nous empêche même de penser avec une suffisante objectivité. J'ai traité dans mon livre *Il n'y a pas de parent parfait* de cet impact de notre propre enfance sur notre style éducatif et de comment s'en dégager. Ici, nous abordons un autre angle, celui de la compréhension des comportements de l'enfant au regard du développement de son cerveau.

Poser des limites est une question largement débattue par les experts, et devant laquelle nombre de parents sont démunis. Poser des limites, oui, mais comment concrètement? Vous découvrirez dans le **chapitre 10** des clés pour que les limites soient canalisation et protection et non limitation et surtout pour qu'elles soient respectées!

Ils se disputent sans cesse! Que faire face aux conflits incessants? Peut-on tout mettre sur le dos de la jalousie? Cessons de nous sentir coupables de ne pas donner autant d'amour à l'un qu'à l'autre, d'autres ressorts sont à l'œuvre et nos enfants ont besoin d'une aide concrète et pratique, pas de notre sentiment de culpabilité ni de leçon de morale. Ce sera le thème du **chapitre 11**.

Le chapitre 12 présentera les huit étapes de la résolution de problème, avant de poser une question pour conclure: Est-ce vraiment si grave? L'exagération des difficultés, la démesure dont nous faisons trop souvent preuve « si tu ne ranges pas ton cartable, tu vas rater ton bac », dessert non seulement notre autorité mais altère au quotidien notre relation à cet enfant qui, somme toute, nous est le plus cher au monde!

1

Un enfant, c'est plus compliqué qu'une plante verte

APRÈS TOUT CE QUE JE FAIS POUR TOI.
VOILÀ COMMENT TU ME REMERCIES!
TU PERDS TES FEUILLES, TU POUSSES DE TRAVERS!
TU VAS VOIR, JE VAIS TE PRIVER D'ENGRAIS ET
DE SOLEIL. TU VAS RÉFLÉCHIR SOUS L'ESCALIER.
ON VA VOIR QUI COMMANDE ICI!!

Quand les feuilles de votre ficus jaunissent et tombent, vous n'imaginez pas que la plante le fait exprès pour vous faire marcher ou cherche à vous faire passer pour une mauvaise jardinière. Vous interprétez « l'attitude » de la plante comme un message : trop ou pas assez d'eau, de lumière, d'engrais... Carence ou excès, vous cherchez à comprendre ce qui se passe.

Un enfant, c'est (nettement) plus complexe qu'une plante verte, mais pas plus compliqué. Ses apparents caprices manifestent ses besoins. Carence ou excès. Et si son attitude n'était pas une provocation mais une conséquence, une réponse, une réaction ? Il arrive aussi que nous interprétions comme un problème ce qui n'est que naturel. Inutile de paniquer à chaque automne parce que les arbres du jardin perdent leurs feuilles... ou que votre petit de quatre ans déteste perdre.

Qu'est-ce qu'un caprice ?

Aux yeux de la plupart des parents, les enfants font des caprices. Théo refuse de boire dans le gobelet bleu, Julie ne veut pas s'habiller pour sortir, Anton veut seulement maman pour le bain... Ils nous font tourner chèvre !

Est-ce vraiment de la « comédie » ? Ces attitudes, somme toute si typiques, sont-elles des « caprices », c'est-à-dire des exigences futiles, ou s'agirait-il de conduites compréhensibles étant donné l'évolution de leur cerveau ? Le fait que les chouineries de notre petite Léa de trois ans nous exaspèrent n'est peut-être qu'une conséquence, et non une intention de Léa.

Nous avons la certitude que nos enfants sont conscients de leurs tentatives de prises de pouvoir sur nous : « Voyez comme il me regarde dans les yeux en faisant sa bêtise ! » Las, ce que nous prenons pour preuve pourrait bien avoir une tout autre origine.

Vous voulez des enfants calmes, tranquilles, sages, qui ne crient ni ne pleurent jamais ? Ce n'est pas possible. Vous voulez éradiquer les caprices ? C'est possible !

Que se passe-t-il ?

Oui, il se passe bien quelque chose. L'enfant ne réagit ainsi ni par hasard, ni par intention de nuire. Alors, avant de nous énerver, posons-lui et posons-nous la question à voix haute : « Qu'est-ce qui se passe ? » La prononcer nous aidera à inhiber nos habituelles impulsions.

Une seule certitude, l'enfant ne cherche ni à tendre un piège à ses parents, ni à les tester. Il n'en a tout simplement pas les capacités intellectuelles.

Les caprices, nous allons le constater tout au long de ce livre, sont en réalité des réponses du cerveau de l'enfant à des situations trop complexes pour lui.

Alors, explorons ensemble ce qui peut se passer pour l'enfant.

Est-ce un caprice ?
Un test pour en avoir le cœur net

Pour vérifier si votre enfant est susceptible de vous mener en bateau, un petit test simple : votre petit a probablement dans ses jouets un cube ou une plaque avec des trous dans lesquels se glissent les formes correspondantes. Montrez-lui donc deux ouvertures, par exemple triangle et rond, et présentez-lui une forme, par exemple le triangle.

Demandez-lui alors dans quel trou va cette forme. La plupart des vingt mois font le choix au hasard. À quarante mois, ils insèrent le triangle dans son trou dans 85 % des cas. Même à cet âge, la bonne réponse n'est pas constante. Ce n'est qu'après quatre ans, pour l'immense majorité des enfants, qu'ils réussiront à tous les coups, car réussir cette tâche nécessite de pouvoir conserver trois items à la fois dans la tête.

Tant que l'enfant doit tester en tentant de faire entrer la forme dans le trou et échoue à vous indiquer verbalement quelle forme va dans quel trou, il est tout à fait incapable de faire un quelconque caprice.

Son réservoir d'amour est-il plein ?

Les mots d'amour

C'EST UNE QUESTION IMPORTANTE!
JE TERMINE LA VAISSELLE ET JE TE
RÉPONDS.

J'AIME VIVRE AVEC TOI. CHAQUE FOIS
QUE JE TE REGARDE. JE SENS MON
COEUR SE REMPLIR DE BONHEUR!
OUI. JE T'AIME!

Un regard permet à l'enfant d'attendre si vous n'êtes pas disponible de suite.

Répondre est important.

> *Je t'aime/ j'aime te regarder grandir/ j'aime vivre avec toi/ je suis heureux(se) de t'avoir pour fils(fille)…*

sont des **mots qui font du bien.**

DES FOIS. TU TE DIS QUE JE NE T'AIME PAS?
PARLE-MOI DE CE QUE TU VOIS QUI TE
FAIT PENSER PARFOIS QUE JE NE
T'AIME PAS.

Mais aussi écouter : d'où vient ce doute?

Le temps partagé

Quand les besoins de contact de l'enfant ne sont pas suffisamment remplis, **ses circuits cérébraux sont en manque.** Crises de rage, de pleurs pour un rien, comportements excessifs sont autant de manifestations de **détresse du système nerveux.** Échanger des « je t'aime », faire un câlin ou jouer ensemble, charge l'organisme en **ocytocine, l'hormone du bonheur.** L'enfant comme le parent se sentent pleins, heureux, rassasiés.

➜ Consacrer, ne serait-ce que **dix minutes par jour de pleine disponibilité** à votre enfant, pour le nourrir d'affection et de tendresse, vous assurera des soirées plus tranquilles !

Toucher, embrasser, caresser, câliner...
Le contact physique

Votre enfant n'est pas bisou? Ce n'est peut-être que réponse à vos tensions, reflet des carences de votre propre enfance.

Vous avez le droit d'aimer, de donner et de recevoir de la tendresse. Elle comme vous avez besoin, comme tous les humains, d'ocytocine, cette merveilleuse hormone qui se libère dans le contact physique, détend et donne une sensation de sécurité et de bonheur.

En éprouvant l'amour que vous lui portez, vous pouvez laisser cette sensation dans votre poitrine se diffuser dans le reste de votre corps. Puis poser votre main sur la sienne. Écoutez, sentez, recevez, accueillez la vie de votre enfant dans votre paume.

Respirez dans votre main, puis imaginez que vous permettez à sa respiration de pénétrer jusqu'à l'intérieur de vous... jusque dans votre cœur.

Mais tout n'est pas manque d'amour... Les crises des petits de un à trois ans peuvent être directement liées à leur état physiologique.

Depuis quelques années, nous avons tendance à tout « psychologiser », interprétant le moindre comportement déviant comme une demande d'attention, une lutte, une prise de pouvoir, la réalité est souvent bien plus simple.

La faim modifie la glycémie dans le cerveau, la soif, le manque de sommeil, être trop couvert, l'envie de faire pipi ou caca, l'excès de stimulation mais aussi le manque de mouvement, inondent le cerveau et le corps d'hormones de stress.

Crises de rage et autres tempêtes émotionnelles

TU VEUX TOUJOURS TOUT !
CESSE IMMÉDIATEMENT CETTE COMÉDIE
OU JE TE DONNE UNE FESSÉE !

Maman, c'est la tempête dans mon cerveau et dans mon corps. Je n'entends même pas que tu me parles. Si tu me donnes une fessée, je vais hurler plus encore, ou alors je vais me taire de stupéfaction. Tu croiras peut-être que ta fessée aura été efficace, alors que je ne serai que figé par le stress. Je n'ai pas besoin de plus de peur et de stress.

Pourquoi tu es si fâchée ? Pourquoi tu m'en veux ? J'ai besoin de toi, maman, pour arrêter cette tempête. Je crie de plus en plus fort pour que tu m'aides… Ne m'abandonne pas à ma rage… Quand il y a trop de choses à regarder, sentir, entendre… Ma tête ne sait pas quoi faire… Oh, des bonbons ! Prendre les bonbons, c'est redevenir actif, savoir quoi faire.

Quand tu me les reprends, ma tête est perdue. Je le fais pas exprès, les hormones du stress inondent mon corps, mes neurones moteurs déchargent les tensions et je crie, je pleure, je me roule par terre, je me tape la tête sur le sol… Parfois, j'arrive à « tenir le coup » jusqu'à la maison et j'explose quand je t'ai à moi tout seul. Parfois, je n'y arrive pas.

Le système nerveux de l'enfant, surchargé, déclenche cette réaction de décharge des tensions accumulées à laquelle les anglophones ont donné le nom évocateur de « tantrum ». Vous lui demandez de se calmer, mais **cette crise EST sa manière de se calmer.** Tout de suite après, l'enfant est souriant, détendu, à la stupéfaction parfois du parent qui interprète que ce n'était que comédie.

L'alternative « céder/ne pas céder », est un piège. Dans les deux cas, le besoin de l'enfant est nié. Un supermarché sature rapidement les capacités d'un petit. Il y a trop de couleurs, d'objets, de sons, sans compter les tensions dans l'environnement, l'énervement de l'adulte, voire… l'inactivité quand il doit, de plus, rester assis dans le caddie.

Quand je fais une crise de rage, maman, je n'ai besoin de rien d'autre que d'être contenu, calmé, sécurisé face à cette tempête nerveuse qui m'envahit et me fait peur. Si tu me tiens tendrement et solidement pendant que je crie ça va m'aider. Même si je me débats très fort, tiens-moi bien. S'il te plaît, maman, ne m'achète pas les bonbons, mais enseigne-moi à conduire mon cerveau.

Le cerveau du bambin reçoit des milliers de stimuli sensoriels et il n'a rien à faire, donc pas de direction pour trier et organiser ces stimuli qui excitent ses neurones. Il cherche à se calmer, à trouver un repère, une occasion de se focaliser sur un point... Vouloir les bonbons est une tentative de reprise de contrôle face à l'excès de stimulations.

Il est paradoxal de s'énerver en demandant à un enfant de se calmer, et plus efficace de l'englober de notre propre système neuro-végétatif. Le contenir avec tendresse et solidité déclenchera une sécrétion d'ocytocine, une hormone qui l'aidera à se calmer, et à développer les voies de communication neuronales qui l'aideront à gérer ses émotions toute sa vie.

Pour éviter d'avoir à acheter trop de bonbons, mieux vaut la prévention : dans tout environnement nouveau ou riche en sollicitations – gare, rue commerçante, kermesse, fête familiale... –, donner à l'enfant une tâche, à sa mesure bien sûr, l'aidera à focaliser son attention. Son cerveau va sécréter de la dopamine, l'hormone de la motivation, de l'action volontaire, une hormone qui diminue le stress et inhibe les systèmes de la peur et de la colère.

→ À quatre ans, elle pourra conserver en mémoire un même objectif pendant une petite dizaine de minutes, mais pas avant. Au plus petit, il est donc utile de rappeler souvent la tâche. Commenter ses actions (positivement bien sûr!) est aussi une bonne idée: « Oui! Tu as choisi cette orange, elle va dans le sac. Encore une... »
Consacrer ce temps et cette attention à votre enfant vous fera au bout du compte gagner un temps infini!
Et, avantage supplémentaire, plus de crises et de drames à gérer devant tout le monde...

JE M'OCCUPE DES TOMATES ET TOI, DES CAROTTES DANS CE SAC EN PAPIER

LES CAROTTES

Je me sens grande quand je choisis les oranges ou les carottes, et ma tête est occupée à un travail... Tu es contente, et moi je ne suis plus obligée d'avoir des crises qui me font peur et mal.

Elle ne tient pas en place

Nombre d'adultes interprètent le besoin de mouvement comme une demande d'attention ou une marque de désobéissance. S'il est parfois vrai qu'une enfant cherche de l'attention, le plus souvent, elle a simplement besoin de... MOUVEMENT!

Rester tranquille dans une file d'attente, dans les embouteillages, au restaurant, ou pire trois heures dans un train... est au-dessus des capacités neuronales d'une enfant entre deux et six ans.

Une enfant qui bouge beaucoup n'a pas forcément besoin de « se calmer » mais de diriger son énergie autrement. Il est inutile et nocif pour son cerveau comme pour son équilibre psychique de la punir parce qu'elle ne tient pas en place. Lui donner un objectif, une occupation nourrira les besoins de son cerveau plus efficacement.

→ Un cerveau inoccupé trouve vite une occupation pas toujours à votre goût... Lui confier une mission à sa hauteur l'aidera à brancher les zones frontales et associatives.

Il se balance sur sa chaise

Un enfant qui se balance sur sa chaise n'est pas forcément en train de chercher de l'attention ou de vous narguer.

En se balançant, l'enfant stimule son oreille interne, siège du sens de l'équilibre. Il le fait parfois pour jouer, c'est-à-dire s'auto-stimuler quand il s'ennuie, mais aussi parce qu'il se peut que son cerveau en ait besoin pour établir des connexions du système de l'équilibre. Lui demander de s'immobiliser va engendrer des tensions qui risquent d'éclater dans des comportements non maîtrisés.

➜ Lui proposer de bouger autrement l'aidera (sur une balançoire, en le faisant tourner lentement les yeux fermés sur une chaise de bureau…). Si le comportement de balancement systématique subsiste, mieux vaut consulter[1] que gronder.

De la même manière, certains enfants sucent leur doudou, nan-nan ou leur pouce bien après l'âge auquel les autres le lâchent, non par besoin émotionnel ou affectif mais par nécessité d'exercer leur réflexe de succion et de stimuler leur palais. Une consultation chez un orthodontiste compétent permettra de régler le problème bien plus sûrement qu'une punition.

1. Marie-Claude Maisonneuve, *Maman, Papa, j'y arrive pas, Comprendre et agir sur les causes physiologiques des difficultés scolaires et comportementales de son enfant*, éd. Quintessence.

Résumons-nous

Il pleure, il fait une crise,
il a un comportement inapproprié?

• Il s'agit :

– **d'une recherche de stimulation** : orienter ses
activités de manière à ce qu'il trouve les stimulations
dont il a besoin dans un comportement approprié.

– **d'un comportement d'appel** : identifier le besoin et
le satisfaire ou le nommer s'il n'est pas possible de le
satisfaire de suite.

– **d'une décharge de tensions** : accueillir les pleurs
ou les cris, contenir les mouvements désorganisés qui
peuvent le blesser, absorber son stress et lui restituer
du calme intérieur.

• Ce n'est rien de tout cela? Ce peut être :

– une **réaction à une attitude inadaptée
de notre part**

ou

– un **comportement naturel de son âge !**

La part du parent

→ Dans le train, une maman promet à sa fille, deux ans et demi, qui n'avait rien demandé : « Quand on reviendra je t'achèterai un croissant. » Bien évidemment, quelques minutes plus tard, la petite demande : « Il est où mon croissant ? »
Sa maman a inutilement éveillé son désir alors que l'enfant n'a pas encore la capacité d'anticiper, c'est-à-dire de se projeter dans le futur et de se représenter mentalement la boulangerie sur le chemin du retour.

Lorsque les oppositions furieuses ou les pleurs ne sont pas de simples décharges ou recherche de stimulation, ce peuvent être des réactions à nos tentatives de contrôle.

Nos petits ne font que tenter de grandir. Nous verrons plus loin l'impact de nos ordres, interdits mal formulés, et autres commandes inappropriées à l'âge de l'enfant.

Reprenons la question de cette maman lors d'une conférence : comment faire face aux colères d'un enfant de trois ans ?

Ne pouvant bien sûr répondre à une telle généralisation, je demande : Une colère déclenchée par quoi ? La maman a du mal à préciser :

« Des colères en général… »

La colère lui semble être le problème, or il s'agit d'une réaction ; quelque chose l'a provoquée. Certes, il n'est pas agréable de se percevoir comme ayant provoqué la colère de son enfant. Je lui demande de penser au dernier exemple de colère de son fils.

« Je ne veux pas lui donner un bonbon. »

De nouveau, je demande des précisions : dans quelle situation spécifique ? C'est alors qu'elle nous raconte :

« Il était monté sur une chaise, puis sur un escabeau, pour atteindre le bocal de bonbons situé sur l'étagère en haut du placard. »

Le paysage s'est éclairé d'un coup ! Voyez comme nous avons (tous, pas seulement cette dame) tendance à focaliser sur « que faire » face aux conséquences (ici la colère) sans voir que nous aurions pu réagir différemment avant. La colère de l'enfant était-elle vraiment due au fait que sa mère lui refusait un bonbon ?

Analysons la situation. L'enfant a trois ans. Il y a un bocal de bonbons en évidence sur le haut de l'armoire, un escabeau et une chaise contre l'armoire...

Je demande à l'assistance de nous rappeler le besoin principal d'un enfant de trois ans. En chœur et avec le sourire (ils avaient compris), ils me répondent :

« Éprouver ses capacités. »

Certes, l'enfant cherchait à atteindre les bonbons ; et nos cerveaux d'adultes, centrés sur les contenus, les objec-

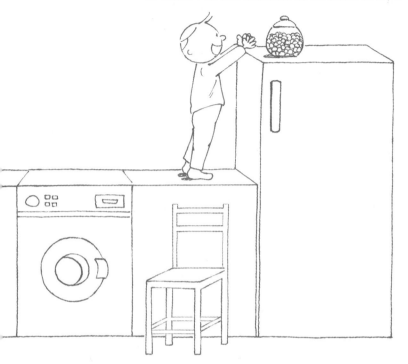

tifs… ne voient que cela. Mais l'enfant, lui, est surtout intéressé par l'acrobatie.

La mère n'a pas vu que le bocal n'était que l'objectif qu'il s'était fixé pour donner un but à son entreprise, mais que l'exercice de son corps était bien plus important.

Comprenant l'entreprise de l'enfant, une réponse pourrait être :

« Whouah ! Tu as réussi à monter jusque-là, tu es presque au bocal de bonbons, je suis impressionnée ! Bravo ! Tu as bien gagné ton bonbon. Tu attrapes le bocal, je te le tiens pour que tu puisses choisir celui que tu pourras manger après le dîner. Où veux-tu le mettre jusqu'au moment où tu pourras le manger? Sur la table de la cuisine ou dans ta petite mallette? Ou bien est-ce que tu préfères que je te le garde jusqu'à ce soir?»

Nous n'avons alors plus à répondre au problème de la colère, car il n'y a plus de colère.

C'est alors que la maman intervient :

« Mais je ne veux pas non plus qu'il mange un bonbon au dîner! »

Alors pour quelle raison poser ce bocal de bonbons en évidence au sommet de l'armoire si elle ne désire pas que son enfant les convoite? C'est une véritable incitation au cerveau d'un enfant de trois ans. Et l'on dit que ce sont les enfants qui provoquent les parents!

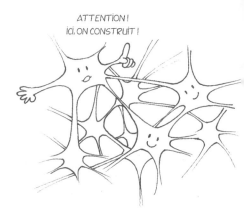

ATTENTION !
ICI, ON CONSTRUIT !

C'est de son âge !

Les parents autoritaires ont tendance à interpréter les comportements excessifs ou énervants des bambins comme des manifestations de mauvaise volonté, d'insolence, voire de mauvais penchants.

De leur côté, les permissifs imaginent un traumatisme et se culpabilisent d'avoir été de bien piètres parents. Et s'il y avait d'autres causes ?

Faire ce que maman vient d'interdire en la regardant dans les yeux à quinze mois, avoir peur du noir à trois ans et mentir à quatre ans, sont des comportements pas faciles à vivre, certes, mais NATURELS et NORMAUX !

→ **Quand vous êtes tenté(e) de vous énerver contre votre petite de un an, souvenez-vous que dans son cerveau, il se crée environ un million de synapses[1] par seconde !** Un travail qui impose le respect. Visualiser son cerveau en construction vous aidera à ne pas craquer. Respirez...

1. Synapse : bouton au bout d'une dendrite ou bras de neurone permettant la connexion avec d'autres neurones.

Une petite de un an entre dans la mer dans les bras de son papa sans problème, à trois ans, elle est terrifiée... Le cerveau ne se développe pas de manière linéaire mais par réorganisations successives. Ce qui signifie que ce qui semble acquis à un âge peut être remis en cause à un autre, parce que les chemins des neurones sont reconstruits.

De 12 à 18 mois : la période du non des parents

Quand le tout-petit commence à crapahuter et à toucher à tout, les parents font leur « période du NON » bien avant les bambins !

Dire STOP plutôt que non

Je peux mâcher ma girafe, pourquoi pas ce truc que je viens de trouver par terre ? D'habitude, tu m'encourages à appuyer, à tirer, à prendre… Pourquoi tu te fâches ? Je n'y comprends rien, je fais mon métier de bébé.

Quand tu dis NON d'un ton furieux, je te regarde. Tu tournes ta tête de gauche à droite et de droite à gauche…

Alors, je fais pareil. Et je répète après toi « NON ». Tu sembles content(e). Alors, après ce bon échange avec toi, je reprends mon travail d'exploration. Et là, tu te mets à crier ! Ça me fait peur et comme je ne comprends pas, je me sens mauvais(e).

 Un enfant de un an touche à tout sans avoir conscience ni du danger, ni de ce qui est permis ou pas.

Les limites que nous posons nous paraissent évidentes.
Elles sont loin de l'être pour le tout-petit, qui n'en saisira
le sens que vers quatre ou cinq ans. Alors il nous regarde
attentivement pendant qu'il agit… Et nous prenons cela
pour de l'insolence !

➜ Préférez dire « STOP ! »,
un mot bien plus efficace et
moins ambigu. Quand vous
dîtes NON, c'est souvent
sur un ton de reproche et
en fronçant les sourcils,
tandis qu'en disant STOP
vous ouvrez les yeux et votre
ton est impératif sans être
blâmant, vous interrompez
un mouvement.
Le plus souvent, les enfants
de cet âge cherchent le
regard, l'autorisation du
parent, avant de toucher
un nouvel objet. C'est le
moment de dire stop, puis
d'expliquer en mettant des
mots simples sur l'interdit,
sans vous attendre pour
autant à ce qu'il mémorise
tout !
Attention aussi aux
messages qui peuvent
brouiller la signification
du mot quand vous jouez
à « non, non, non » en
souriant…

Intervenir physiquement

COMME ÇA, TOUT DOUX,
CARESSE LA PLANTE

J'aime bien quand tu me montres, j'apprends, et j'adore ça ! Maintenant, je saurai comment traiter cette plante-là.

→ À un an, l'enfant est tout à fait incapable de saisir le concept même de règle, alors la respecter... Tout d'abord, mieux vaut sécuriser l'environnement et ranger les objets fragiles en hauteur pour qu'il puisse manipuler tout ce qui est à sa portée. Il va dans une mauvaise direction ? Oups ! Plutôt par là... L'attraper et le rediriger, guider ses gestes, inscrire ainsi la consigne dans son corps sera plus efficace qu'une commande verbale. Et puis, l'enfant est toujours plus intéressé par l'exercice de son propre corps, que par un objet en particulier.

Elle ignore les règles,
ne respecte ni limite ni interdit!

Avant trois ans, les règles ne sont que des mots sans lien concret avec leurs actes :

1. Elle ne peut pas encore conceptualiser

C'est vrai, elle comprend déjà beaucoup de choses, mais ni les généralisations, ni les concepts. Or une règle est forcément une généralisation. Par exemple, elle comprend les mots « il est interdit de mordre », et peut même les répéter, mais ne pense pas que cela s'applique à ce qu'elle est en train de faire à sa sœur.

Elle a l'air contrit ou pris en faute? Ce n'est que parce que vous froncez les sourcils ou faites la grosse voix. Elle ne comprend pas la notion même de faute. En revanche, elle n'aime pas du tout vous voir fâché(e) et peut alors, en bon scientifique, recommencer immédiatement l'expérience pour vérifier et comprendre votre réaction.

2. Il ne peut pas garder des mots dans sa tête

Entre douze et quinze mois, les synapses se multiplient dans les circonvolutions du cerveau frontal. La mémoire explicite, lui permettant de mémoriser des mots, se développe. Mais s'il comprend les mots, il ne peut encore les garder dans sa tête très longtemps. Il acquiert une certaine conscience de ce qui s'est passé juste avant, mais seulement juste avant! Et son cerveau ne peut pas retenir deux informations ou idées en même temps. Si vous voulez qu'il agisse, une seule commande à la fois!

3. Elle n'a pas encore la capacité d'inhiber ses gestes

Dans le cerveau des enfants de moins de quatre ans, les zones des impulsions (agir, aller vers) et celles de l'inhibition (s'empêcher d'agir, stopper) ne sont pas encore bien connectées!

Voici une expérience pour le constater: Papa saisit une clé. Léa, quinze mois, cherche la clé dans la main de son papa. Puis, sous les yeux de Léa, le papa dépose la clé sous un coussin. Léa cherche encore dans la main et pas sous le coussin! Elle sait pourtant que la clé est sous le coussin, les chercheurs en psychologie l'ont démontré, mais elle persiste à chercher là où elle a trouvé la première fois! Elle suit les impulsions de sa main, pas ce que lui disent ses yeux. Elle ne peut pas encore inhiber son impulsion à tendre sa main exactement comme la première fois. À dix-huit mois seulement, elle ira chercher la clé sous le coussin.

4. Explorer ses nouvelles compétences est une priorité

Il lâche sa cuiller depuis sa chaise haute, attend que vous la ramassiez pour la jeter de nouveau. Prendre est un réflexe (le grasping) mais lâcher est un acte qui ne peut être que volontaire. Le cerveau de l'enfant ne lui permet

de commander l'ouverture de sa main que depuis peu.
Il expérimente!

Le bambin lâche la cuiller, son cerveau mémorise le réseau de
neurones activé pour réussir cette action. Quand il a de nouveau la cuiller en main, dans son cerveau, le même réseau
de neurones se réactive, et mobilise le geste de lâcher... Et
comme, nous l'avons vu plus haut, il ne peut inhiber son
geste... Le « jeu », qui finalement n'en est pas un, dure jusqu'à
ce que le parent craque!

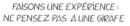
FAISONS UNE EXPÉRIENCE :
NE PENSEZ PAS À UNE GIRAFE

LA, VOUS ME TENEZ TÊTE !

JE VOUS AVAIS DIT
DE 'NE PAS' PENSER À
UNE GIRAFE !

5. Son cerveau ne traite pas bien la négation

En interdisant, c'est comme si le parent donnait une consigne. L'enfant entend « ne mange pas ce bonbon » comme un ordre, « mange bonbon », et obtempère rapidement pour ne pas vous fâcher...

La négation oblige à deux gestes mentaux : l'évocation, donc la construction d'une image mentale, puis la négation de cette représentation. Le petit enfant ne peut jongler ainsi dans son esprit.

Reprenons le cube troué d'un rond, un carré, un triangle... avec les formes adéquates à glisser dedans... Si vous demandez à votre bambin de vous dire avec des mots dans quel trou va

cette forme triangle, ses mains avanceront vers la boîte. Il a besoin de rapprocher physiquement la forme du trou et d'essayer de le mettre dedans. Alors lui demander dans quel trou le triangle **ne va pas**... Essayez, vous serez convaincu !

→ Vous lui simplifierez la vie en lui indiquant ce qu'il peut faire et non ce que vous ne voulez pas qu'il fasse. De plus, il vit dans le présent, inutile d'imaginer qu'il s'en souviendra longtemps.
Et encore une fois, malgré son désir de vous faire plaisir, il ne peut encore inhiber ses impulsions à partir de sa seule décision.

Elle fait exactement ce que je viens de lui interdire, et en me regardant dans les yeux!

QU'EST-CE QUE TU CHERCHES ?
JE VIENS DE TE DIRE DE NE PAS LE FAIRE
ET TU LE FAIS QUAND MÊME !

Avant l'âge de deux ans, l'intelligence de l'enfant est principalement « sensori-motrice », c'est-à-dire qu'elle passe par ses sensations physiques et ses mouvements.

Faire le geste interdit, c'est utiliser son intelligence sensori-motrice pour assimiler la consigne verbale, comme pour se la redire avec son corps !

C'est pas juste ! Tu m'as demandé de ne pas toucher et tout de suite, j'ai essayé…

Je t'ai regardée bien dans les yeux pour vérifier que c'était bien ça que tu m'avais demandé. Je l'ai fait tout de suite.

Maman, pourquoi tu cries ? Qu'est-ce que j'ai fait de mal ? Je me sens mauvaise.

STOP !
OUI, MA CHÉRIE, C'EST EXACTEMENT
CELA QUE JE T'AI INTERDIT DE FAIRE.
MAINTENANT CE PLACARD RESTE FERMÉ.

Il veut tout, tout de suite !

Un enfant de moins de deux ans ne peut se représenter le futur. « Tout à l'heure », «dans dix minutes » sont une éternité, il n'a pas encore acquis les repères temporels qui lui permettront de se faire une idée de ces durées relatives. Le sachant, vous comprenez mieux son apparente impatience!

Les enfants n'ont pas besoin qu'on leur donne tout, tout de suite, mais qu'on leur signale très vite les avoir entendus. Quand on ne leur répond pas ou que l'on punit leur comportement de demande, ils pleurent de colère ou se mettent en retrait. Nous leur reprochons d'être dans le tout ou rien, mais leur cerveau ne leur permet pas encore de relativiser.

→ La baisse de la glycémie dans le sang provoque agressivité ou pleurs incontrôlables...
Un petit morceau de pomme avant le repas choque peut-être vos principes, mais peut éviter la déstabilisation émotionnelle liée à la chute de la glycémie...
Pour lui enseigner à patienter, un bâtonnet de concombre, une occupation à vos côtés ou un peu d'attention!

Les interactions rapides permettent l'apprentissage de la frustration.

Il montre du doigt et veut toujours tout!

Quand il montre du doigt l'oiseau dans le ciel ou la girafe dans le livre, vous ne pensez pas qu'il désire ni l'oiseau, ni la girafe. D'ailleurs vous-même avez désigné les choses pour les nommer: « Regarde, ça c'est un marron, ça c'est une noisette. »

Pourquoi interpréter forcément du désir quand il montre un gâteau ou un nounours dans une vitrine? Il le reconnaît! Il mérite tout autant de félicitations que lorsqu'il reconnaît la girafe du livre! Si vous lui dites non, il va insister, se mettre à pleurer devant tant d'incompréhension. Et vous serez confortée dans votre idée qu'il fait une crise pour obtenir le nounours... Attention au cercle vicieux, il s'installe rapidement.

Il ajoute la parole au geste en clamant « Je veux »? Nous le verrons plus en détail p. 116, car ce sera encore le cas à deux ans et demi, Il ne fait pas la différence entre intention, désir, demande et désignation. « Je veux » est son mot fourre-tout!

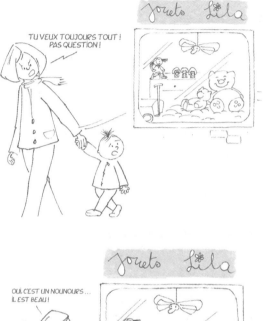

Elle est tombée
et me regarde avant de pleurer

Maman, j'ai mal. Il y a un danger?
Qu'est-ce qui m'est arrivé?

→ Elle pleure, parce que vous êtes là et aussi parce qu'elle obéit à votre visage qui reflète l'inquiétude. Un regard plein de confiance et un sourire l'encourageront et, à moins d'avoir très mal, l'aideront à se relever.
Si elle pleure, c'est le moment de lui enseigner les mots des sensations : « Ouh! Ton genou est tout rouge, ça pique! » / « C'est une égratignure, ça brûle!»

Elle ne pleure pas parce qu'elle a vu que vous la regardiez, cela lui demanderait des capacités de dissociation qu'elle n'a pas encore. Votre enfant est un mammifère. Certes, il n'y a plus de prédateur, mais elle ne le sait pas encore et le programme est inscrit dans ses circuits cérébraux. Tout mammifère attend sa maman avant d'exprimer sa détresse à grand bruit. En l'absence de maman, mieux vaut ne pas trop se manifester. Quand maman (= la sécurité) revient, on peut décharger les tensions accumulées. Le même processus est à l'œuvre quand votre petite est infernale avec vous le soir alors que tout s'est divinement bien passé à la crèche. Elle a enduré les situations de stress traversées sans rien montrer, pour ne « craquer » qu'à votre arrivée. C'est dur à vivre pour les mamans qui peuvent avoir l'impression que l'enfant leur garde le pire, ou se dire qu'elles sont de mauvaises mères (surtout quand le papa en rajoute : « Regarde, avec moi, tout se passe bien ! »).

Pleurs et colères sont parfois (souvent) de simples décharges de tension confiées à la source d'amour inconditionnel : maman. Ce comportement continuera pendant encore bien des années, pensez-y quand votre adolescent(e) hurlera sa fureur contre vous. N'oubliez pas que vous êtes le réceptacle privilégié de ses souffrances non parce que vous n'avez pas d'autorité (c'est ce que racontent parfois les papas ou votre propre mère…) mais parce qu'elle est en sécurité avec vous.

Elle hurle quand je m'éloigne

Elle fond en larmes quand vous vous éloignez de quelques pas en lui tournant le dos, et ce, même si elle tient la main de papa, dans un lieu comme une gare, un aéroport, ou une rue très passante. Sa réaction n'a rien à voir avec une carence d'amour. À son âge, elle aime jouer à coucou, mais pas encore à cache-cache. Quand vous disparaissez à ses yeux, les hormones de stress l'envahissent. Sa réaction mammalienne est naturelle. L'anxiété de séparation commence entre sept et douze mois, voit un pic entre dix et quinze mois et diminue entre trois ans et trois ans et demi. À deux ans et demi, l'enfant conserve l'image de son parent dans sa tête, mais elle n'est pas encore très stable et disparaît en situation de stress.

→ L'enfant va à la halte-garderie ou chez grand-mère ? Pour penser à vous en votre absence, elle peut emporter une photo, un mouchoir avec votre odeur, garder « un bout de maman ». Patience, dans quelques mois, quand elle pourra évoquer votre image à loisir à l'intérieur d'elle, elle tolérera mieux votre absence... Pensez aux jours où elle préférera ses copains... Profitez, c'est si court, la vie !

Il se réveille la nuit !

Quand l'enfant pleure pour qu'on ne le laisse pas seul la nuit, c'est une réaction du système hormonal situé dans le cortex mammalien. Il agit comme n'importe quel mammifère. **L'anxiété est physiologique et non pas seulement psychologique.** Les scientifiques ont pu le vérifier grâce à l'imagerie IRM. Il est très difficile à l'enfant de la gérer seul ! **Pleurer EST sa ressource.** Pour calmer cette alerte, il a besoin d'ocytocine, cette hormone qui détend et remplit. Un bon câlin et tout revient dans l'ordre. Bien sûr, la panique est exacerbée si l'enfant a d'autres causes d'anxiété que la séparation nocturne : petit souci dans la journée, dispute entre les parents, décès dans la famille… Mais aussi excitation, nouvelle

TU DOIS APPRENDRE À DORMIR ! TU PEUX PLEURER AUTANT QUE TU VEUX, JE NE VAIS PAS ME LAISSER FAIRE !

acquisition, étape de croissance... Se réveiller deux ou trois fois par nuit à la fin de la première année est fréquent. À cet âge, le tout petit fait énormément d'apprentissages. Pendant le sommeil, les neurones s'activent, se relient, pour intégrer l'expérience acquise dans la journée.

→ Attention à ne pas ajouter de stimulation (pas trop de paroles) quand vous faites un câlin de nuit. De plus, prévenir étant plus facile que guérir, mieux vaut intervenir dès les premiers signes de réveil, avant que l'enfant ne se réveille complètement, en posant délicatement votre main sur lui, sans caresser. En accueillant sa vie, sa respiration, dans votre main, il replongera dans le sommeil sans passer par la phase pleurs. Pas de stimulation, juste du contact !

Dans la journée aussi, il réagit avec frayeur face à des bruits forts comme aspirateur, sirènes, claquements de portes ? Périodiquement, les réorganisations du cerveau rendent ce dernier particulièrement réactif et sensible. Les bruits sont perçus avec une plus grande acuité sans qu'ils puissent encore être traités cognitivement.

Stimuler son cerveau verbal en expliquant tout en lui donnant de la sécurité par votre calme, voire un contact physique (ocytocine), lui permettra de relier peu à peu son cerveau cognitif au cerveau émotionnel.

Un comportement est à restituer dans un contexte. Des difficultés de sommeil peuvent être directement le fruit des tensions entre les parents. Toutes les techniques « éducatives » sont alors vouées à l'échec puisque le problème ne se trouve pas chez l'enfant, qui ne fait que réagir aux tensions parentales. Le bébé n'a pas les moyens de résoudre les tensions familiales. Il les ressent, les éprouve dans son corps, il ne sait pas les filtrer et se dire « cette tension appartient à mes parents, ils sont anxieux à cause du plan social dans l'entreprise de maman ou du concours que prépare papa ».

JE VAIS TE FAIRE UN MASSAGE.
TU ES INQUIET EN CE MOMENT.
C'EST VRAI QUE PAPA ET MOI NE SOMMES
PAS TRÈS DISPONIBLES CES TEMPS-CI.
TON PAPA A PERDU SON TRAVAIL, ET NOUS
SOMMES STRESSÉS, MAIS CE SONT DES
AFFAIRES D'ADULTES. VOILÀ, TU AS RAISON
DE ME FAIRE PRENDRE UN PEU DE TEMPS
AVEC TOI TRANQUILLEMENT. TU ME RAPPELLES
CE QUI EST VRAIMENT IMPORTANT DANS LA VIE.
ET CE QUI EST IMPORTANT C'EST QUE JE T'AIME.

De 18 à 24 mois : la période du non des enfants

À dix-huit mois, il a acquis un assez bon contrôle de son corps, il peut courir et donner des coups de pieds. Il aimerait étendre cette maîtrise, il a envie de réussir beaucoup de choses, mais n'y arrive pas encore. Quand il échoue, c'est bien plus qu'une tour de cubes qui tombe. Il est confronté à ses propres limites. Quelle déconvenue! C'est un âge de frustrations intenses, avec son lot de rages. De plus, ses pensées vont plus vite que ses capacités langagières. Pleurs, cris, morsures tentent de porter son message. C'est dur d'être petit et de ne pas être compris!

C'est un âge plus difficile pour les parents. Le cerveau de l'enfant lui permettant de prendre conscience d'être une personne avec son propre corps et sa propre volonté, il s'oppose et veut décider. Affirmer « je ne suis pas toi, je ne suis pas ton prolongement, je suis moi » est nécessaire au développement de sa conscience de lui-même, de sa confiance en sa personne propre et de son autonomie.

Elle s'oppose

Quand je dis « je veux pas mettre ces bottes », toi, tu crois que j'ai un problème avec les bottes. Mais, en vrai, c'est pas les bottes le problème. C'est que si tu me dis « mets tes bottes », je peux plus les mettre ou alors je n'existe plus. Quand tu m'obliges, ça me fait l'impression que tu veux pas que j'existe, que tu veux pas que je sois moi.

La phase du Non systématique peut ne durer qu'une semaine, juste le temps de vérifier « je ne suis pas toi, j'ai le droit d'être moi ». L'opposition ne s'installe que si le parent refuse la différenciation. L'enfant doit alors protéger sa toute nouvelle et encore fragile identité. Elle ne veut pas rester le bébé (l'objet) de maman, elle veut grandir (devenir sujet). Le véritable besoin de cette période n'est pas de s'opposer mais de se différencier.

Quand l'enfant obéit à un ordre, son cerveau frontal reste inactif [1].

Quand vous la faites réfléchir, quand vous lui offrez un choix, et lui laissez donc un espace de décision personnelle (pas question de la laisser décider de tout bien sûr !) vous lui proposez de **mobiliser son cerveau frontal**, celui qui permet de penser, de décider, d'anticiper, de prévoir... de devenir responsable.

1. **Cerveau et psycho**, n° 41, septembre-octobre 2010.

Comment éviter de donner des ordres

- Installer des associations: bottes pour quand c'est mouillé... pyjama pour la nuit...
- Installer des routines, des suites de gestes.
- Poser des questions, faire réfléchir.
- Mettre l'enfant en position de décider ne serait-ce qu'une petite chose.
- Donner des informations.
- Donner des choix permet aussi à l'enfant de se sentir décideur et de dire JE.

N'attendez toutefois pas d'une enfant de deux ans qu'elle sache choisir... C'est le début, elle apprend. Au début, elle procédera selon des stratégies très personnelles : par exemple systématiquement ce que vous lui proposez en second... Elle n'a pas encore de critère de choix et est incapable de conserver des images dans sa tête suffisamment longtemps pour comparer et encore moins se représenter les conséquences comparatives de chaque choix dans le futur ! Autant lui faire la vie simple en lui offrant des options serrées.

À deux ans et demi, vous verrez apparaître la valse-hésitation. Elle choisira l'un puis l'autre, puis reviendra au premier choix[1]... Ce n'est que vers trois ans qu'elle sera capable de faire un choix « éclairé », et même de proposer une troisième option pour se libérer du choix fermé...

1. Plus d'infos sur cette question p. 121.

Il hurle à la moindre frustration

Que son frère lui prenne un jouet ou que vous lui refusiez quelque chose, la perte vous semble minime, mais pour son cerveau encore immature et incapable de relativiser, c'est un drame. En pensant à la glace qu'il espérait, son cerveau a fabriqué de la dopamine et des enképhalines, molécules du plaisir et de l'anticipation de la récompense. Quand vous refusez de la lui donner, le taux de ces molécules chute brutalement et déclenche une réaction d'agression vers le premier objet ou la première personne présents. L'enfant frappe ou crie en manière de protestation par simple immaturité des circuits entre les zones du plaisir, de l'agression et les zones

qui maîtrisent les impulsions. La perte active les centres de la douleur dans le cerveau, et provoque une chute fulgurante du taux de peptides opioïdes[1]. Il a besoin d'apprendre à traverser ces émotions sans en avoir peur.

→ Manifester de l'empathie sera plus efficace que de consoler. Il a le droit de pleurer ! Il a vraiment mal et son cerveau est sous stress. Le pleur décharge la tension. Une fois la forte vague passée, vous pouvez diriger son attention vers autre chose. Si l'émotion le déborde ou se montre trop intense, vous interviendrez en le prenant dans vos bras pour le recharger en ocytocine et opioïdes apaisants.

1. Chimiquement proches de la morphine, les peptides opioïdes, synthétisés dans le corps cellulaire du neurone, sont qualifiés de morphines endogènes ou d'endorphines. Ces peptides interviennent essentiellement dans le contrôle de la douleur.

Elle m'exaspère avec ses questions

C'EST LA VINGTIÈME FOIS QUE TU ME LE DEMANDES, TU M'EXASPÈRES À LA FIN ! JE NE TE RÉPONDRAI PLUS !

Entre dix-huit mois et deux ans, l'enfant commence à pouvoir évoquer mentalement une situation absente. Elle a envie de partager ce qu'elle voit dans sa tête et explorer avec nous cet univers intérieur en construction, mais elle n'en a pas encore les mots.

Les questions des enfants ne sont pas toujours des questions et nous serions bien avisés d'y répondre moins vite.

Il fait des bêtises

Pour l'enfant, il s'agit surtout d'exercer sa coordination motrice. L'action le fascine. Il n'a pas encore la possibilité d'inhiber seul ses impulsions et est tout entier dans l'ici et maintenant de l'action. De plus, il n'a pas d'image mentale stable dans sa tête et ne réalise le résultat de ses actes que lorsque vous intervenez !

Si vous pouvez alors être tenté de croire que l'enfant sait qu'il fait une bêtise parce qu'il semble honteux, en réalité, à deux ans, même si vous l'avez grondé pour la même bêtise la veille, il ne s'en souviendra qu'après l'avoir faite.

Ce n'est qu'à partir de quatre ans qu'il pourra se sentir coupable en dehors du regard de l'adulte, c'est-à-dire qu'il aura intériorisé l'image du parent mécontent et percevra le lien entre ses actions et ce mécontentement.

➜ Décrire ce que vous voyez est une bonne façon de prendre le temps de calmer votre émotion en découvrant la bêtise! Le temps de définir votre objectif: « Qu'est-ce que je veux enseigner à mon gamin?» Et de choisir une option pertinente. Puisqu'il n'a pas sorti les livres pour sortir les livres, mais pour exercer son habileté motrice, il adorera tout autant remettre les livres s'il y voit une occasion d'exercer ses compétences plutôt qu'une punition.
Et pour éviter les bêtises, mieux vaut ne pas laisser un enfant de moins de quatre ans sans surveillance. Son cerveau ne lui permet ni de faire la différence entre bien et mal, ni d'inhiber ses impulsions à agir, et il y a tant de tentations...

Il tape, mord, tire les cheveux...

J'ai peur, papa, quand tu cries. Je me sens mauvais. Qu'est-ce qui se passe? J'avais pourtant réussi à prendre une belle poignée de cheveux. T'as pas vu comme ils étaient beaux! Ça me faisait tellement envie. Et j'ai tiré! Et je les ai eus! J'étais tout fier. Et Élodie elle pleure et toi tu cries... Je comprends rien.

1. Petit, il fait tout cela de manière expérimentale, comme il le ferait avec des jouets. Il n'a pas l'intention de faire mal et ne réalise pas vraiment le lien entre son acte et la souffrance de l'autre.

2. Il teste son pouvoir de déclencher des cris... Mais n'éprouve pas forcément de colère envers sa victime.

3. Les enfants de deux ans poussent, tapent ou mordent le gêneur. Là encore, pas de méchanceté, ils tentent de bousculer l'obstacle.

4. Parfois, il s'agit réellement de violence, il cherche à « faire la force ». Quand il n'arrive pas à se faire entendre, parce qu'il n'a pas encore les mots, son corps agit. Ce n'est pas une décision consciente, mais une prise en charge corporelle de son expression « J'en ai assez! J'existe! Je veux ma place! ».

5. Bébé, il ne savait pas encore lâcher volontairement. Sous stress, le petit peut ne pas trouver tout de suite la commande « lâcher ». Inutile de lui crier de lâcher, mieux vaut l'aider en lui ouvrant la main pour libérer les cheveux de la petite sœur.

→ Pourquoi ne pas en profiter pour lui enseigner quelques compétences sociales d'écoute et d'empathie?

De 24 à 30 mois : de l'ordre, dans l'ordre, pas d'ordres !

Occupé à travailler à sa représentation interne du monde, le petit enfant, même de quelques mois, éprouve comme une nécessité à ce que les choses soient à leur place.

Décrite par Maria Montessori, médecin et célèbre péda-
gogue, la période sensible de l'ordre débute au milieu
de la première année. Trop petit pour agir ou parler, le
bébé utilise le seul message à sa disposition : les pleurs!
Confondu avec un caprice, le besoin d'ordre passe alors
souvent inaperçu.

À partir de dix-huit mois, le bambin replace le bibelot. La
grande nouveauté à deux ans est l'émergence des représentations mentales : il peut voir des images dans sa tête.
L'extérieur doit ressembler à l'intérieur, sinon... c'est le
chaos!

Alors, chaque chose et chaque personne à sa place, et le
tout, dans l'ordre!

Elle met de l'ordre dans sa tête !

TU NE PEUX PAS AVOIR DEUX PLACES

SI C'ÉTAIT MA PLACE

C'EST PAS JUSTE !

OUI, TU AS RAISON C'EST LÀ QUE TU ÉTAIS ! ET MAINTENANT TU ES ICI. TU AS CHANGÉ DE PLACE.

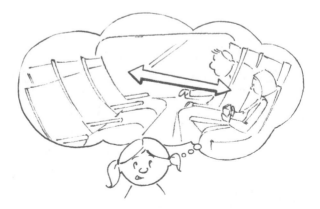

Les enfants se concentrent sur les processus, les parents, sur les contenus. Les enfants cherchent à comprendre « comment ça marche, le monde ». Ils cherchent à donner du sens à leurs perceptions. La petite fille construit son intelligence de la situation, elle se représente dans sa tête : elle était à cette place, elle n'y est plus. Elle le dit !

Mais les parents ont une fâcheuse tendance à interpréter les commentaires des enfants comme des demandes, voire des exigences. Centrés sur le contenu, ils croient que la petite fille veut la place et cherchent à la ramener à la raison, puis se fâchent devant la détermination de l'enfant à continuer à exprimer sa réalité.

Remarquer le processus aidera davantage le cerveau de l'enfant à intégrer la spatialité.

Chaque chose en son temps, dans l'ordre!

Quand tu me mets les chaussettes avant le pantalon, c'est tout énervé dans mon corps. Si tu me forces, je crie et je me débats. Tu comprends pas que c'est important, le pantalon d'abord! Quand je mets le pantalon avant les chaussettes, c'est doux dans mon corps.

À deux ans, l'enfant ne sait pas forcément dire « je veux mettre le pantalon avant les chaussettes », il se contente de hurler quand on lui enfile ses vêtements dans le désordre. Lorsque son rituel est violé, c'est le déluge d'hormones de détresse dans le cerveau. Son cerveau travaille beaucoup à organiser ses images mentales.

Pour se repérer, l'enfant élabore des rituels qui prennent presque des allures magiques. « Miel, beurre, confiture ! » annonce le bambin et pas question de tartiner commodément le pain de beurre, avant de mettre une cuiller de confiture puis de miel dessus. Le monde extérieur « doit » se conformer dans l'ordre à son monde intérieur. Exigences étranges aux yeux des parents, les rituels enfantins sont souvent traités de caprices. C'est sans mesurer la complexité du monde que nous présentons au cerveau de nos tout-petits. Il a absolument besoin d'organiser ses perceptions et ses représentations mentales. Les rituels donnent une impression de contrôle, ils permettent donc aussi de juguler l'angoisse. Si les rituels perdurent au-delà d'une période de quelques semaines ou deviennent trop envahissants, il est utile de consulter.

➜ En installant des routines, vous éviterez nombre de conflits. Pour les petits de deux ans, elles sont si importantes qu'il suffit de les énoncer, ils ont plaisir à les actionner, et les rappellent volontiers.
Idée : Remplacer l'inefficace « Bon, maintenant tu dors ! » par « Position dodo, respiration calme, le doudou, bailler, frotter le nez sur l'oreiller et fermer les yeux, petit bisou de maman... Bonne nuit ! ».

Elle ne veut pas quitter le square

« Rentrer » ne fait aucun sens pour elle. Elle vit ici et maintenant et ne pourra anticiper avant l'âge de deux ans et demi.

Ce n'est que peu à peu qu'elle pourra visualiser la maison, le chemin vers la maison, et décider de se diriger vers elle.

Bientôt, plus tard, cet après-midi, demain... le sens de ces mots lui échappe encore.

→ En revanche, elle adore jouer et compter les tours. Il sera fier de réussir à compter deux tours. Placer l'enfant en situation de sujet est stupéfiant d'efficacité. Ensuite un autre jeu : qui arrive le premier à la grille de l'entrée ? Et puis, il y a les routines. Installer une routine de départ facilitera le passage du square à la maison. Trois tours de toboggan, un tour de canard à ressort, un bisou soufflé dans la main au canard, debout sur le banc de l'allée, et premier au portillon...

C'EST L'HEURE DE RENTRER, SONIA. AH, JE VOIS QUE TU AIMES BEAUCOUP LE TOBOGGAN. TU PEUX FAIRE ENCORE UN TOUR OU DEUX OU ZÉRO ?

DEUX TOURS

ALORS, DEUX TOURS. JE COMPTE OU TU COMPTES ?

JE COMPTE

Accueillir les émotions et les sentiments

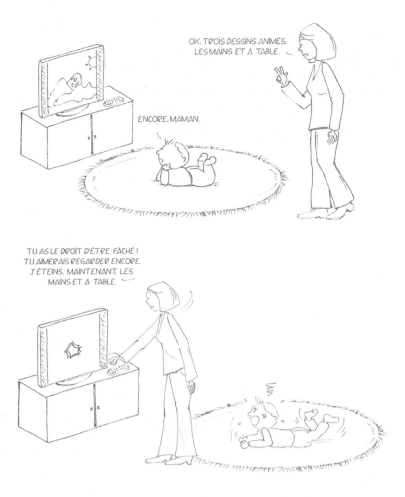

Maman, quand tu dis ce que je sens dans moi avec des mots, ça m'intéresse et ça me fait chaud. Ça m'aide à passer à autre chose.

→ En reflétant les sentiments de l'enfant, nous lui montrons que nous n'ignorons pas sa réalité. Il se sent compris et du coup, se comprend lui-même. Nous lui enseignons ainsi la conscience de soi, ce qui l'aide, par exemple, à sortir de l'hypnose télévisuelle.

Ceci dit, face à l'écran de télévision, même les routines ne fonctionneront pas, il est souvent nécessaire d'agir et d'ajouter le contact physique tant les écrans sont réellement hypnotiques.

Pour sortir de l'hypnose et protéger leurs yeux, il est très utile d'entraîner les enfants à cligner des yeux pendant une émission et à détacher leur regard régulièrement pour regarder loin (par la fenêtre par exemple).

Il est illusoire d'imaginer que nos enfants vont pouvoir résister facilement aux sirènes de leurs émissions préférées. Non pas tant pour leur contenu, que pour leur construction. La luminosité, le son, et le rythme des images, tout y est pensé pour fasciner le petit et le maintenir scotché à l'écran [1]. Le balayage lumineux intermittent seul captive déjà les yeux et le cerveau, quand s'y ajoutent des images séduisantes et une certaine intensité

1. http://www.dailymotion.com/video/x9b4d7_reportage-sur-les-effet-de-la-tele_ webcam *et* http://enfanceteledanger.free.fr/pages_web/tele&enfants.htm#

lumineuse, il devient vraiment difficile de s'arracher à la fascination.

Regarder la télévision met le cerveau en ondes alpha, l'enfant se sent détendu. Bien sans rien faire, il n'a pas envie que ça s'arrête. Il éprouve du plaisir à regarder. Son cerveau sécrète des opioïdes.

Lorsque vous éteignez le poste de télévision le taux de peptides opioïdes chute brutalement et active les centres de la douleur. D'où la crise...

Elle a peur des situations nouvelles

→ Elle a peur face à un nouvel environnement ou une nouvelle situation trop complexe pour les capacités de son cerveau ? Aidez-la à trouver des repères. Votre présence, son doudou ou un objet familier l'aideront. « Tu vois, la dame qui lit les contes est assise sur l'estrade, les enfants sont de ce côté… et là-bas, des jeux. Tu veux aller d'abord vers les jeux ? »

Décrire l'environnement et la situation, avant de l'inciter à agir, l'aidera. Inutile de la surprotéger, en faisant à sa place, en la guidant trop, vous la maintiendriez en état d'objet, un état qui renforce la peur. Elle a surtout besoin d'être active. Son insécurité disparaîtra alors très vite. Être sujet diminue la crainte.

Pour qu'elle se sente plus en sécurité, l'aider d'abord à prendre contact avec l'espace, les objets, l'environnement, ensuite seulement avec les autres enfants ou adultes présents.

Il ne veut pas dormir

D'une part, l'importante réorganisation du cerveau à cet âge réveille des paniques de séparation.

D'autre part, les cycles naturels de sommeil se décalent, un endormissement physiologique vers 22 heures, voire 23 heures n'est pas rare. Si nombre de parents ont la croyance qu'un enfant petit doit s'endormir à 20 heures, la réalité est qu'il ne peut diriger son horloge interne.

→ Inutile de le maintenir de force dans son lit s'il n'a pas sommeil, mais le laisser debout alors qu'il est épuisé n'est pas non plus une bonne idée. Respecter ses rythmes de sommeil ne signifie pas le laisser décider de l'instant du dodo. Dès les premiers signes de fatigue, le rituel du coucher peut débuter. À cet âge-là, mieux vaut proposer (au bon moment) le début de la routine (« le pyjama, les dents, l'histoire… ») plutôt que votre fin (« maintenant : au dodo ! »), un raccourci auquel il risque de s'opposer parce qu'il n'y est pas prêt.

Il n'écoute pas quand on l'appelle

Obéir à un ordre verbal est plus complexe que cela n'en a l'air. Il s'agit :

1. D'entendre l'ordre. Or, l'enfant est dans le présent. Il est totalement absorbé par sa tâche. Si le jeu est un loisir pour l'adulte, c'est une activité très importante pour l'enfant, source d'apprentissage et d'élaboration de ses réseaux de neurones.

2. De le mémoriser jusqu'à réalisation.

3. De faire un lien entre la parole et le geste.

Chez les filles, la zone de traitement du langage se développe plus précocement et tisse des liens avec les zones motrices. Elles réagissent plus rapidement aux demandes verbales. En revanche, le cerveau des garçons n'est pas encore câblé pour faire ce lien rapide entre le traitement de la parole entendue et la mobilisation de l'intention en direction d'une action. Le petit garçon réagit au contact physique.

BRRRR...

TES PÂTES SONT
PRÊTES, JÉROME

➜ Mesdames, vous pouvez aussi tester le contact physique et oculaire avec votre mari ou compagnon, il semble que ce circuit entre cerveau verbal et mobilisation du corps mette parfois du temps à être pleinement opérationnel...

Elle refuse de manger et/ou joue avec la nourriture

C'est pas que je veux pas manger, maman, j'ai faim, mais JE VEUX TENIR LA CUILLÈRE! Et puis, c'est pas juste. Moi je veux manger à table avec tout le monde. Je mangerai plus ce que tu me donnes à la cuillère et je mangerai plus sur ma chaise, na!

Me gronde pas, je sais pas la différence entre ce que tu me donnes pour jouer et ce que tu me donnes pour manger. Quand j'ai plus faim, je me dis que tu me donnes les choses pour jouer.

> → Pour relativiser et déstresser, au parent de monter sur la balance ! Ça y est, vous avez votre poids ? Considérant le contenu de votre assiette au regard de ce poids, si vous appliquez ce même rapport poids/quantité à l'assiette de votre petitou, vous pourrez probablement diviser par quatre ses portions !
>
> À moins d'un stress important, ou d'une relation très conflictuelle avec vous, votre enfant se nourrit de ce dont son corps a besoin.
>
> Elle ne veut RIEN manger ? Il se peut que cela n'ait rien à voir avec la nourriture. Là encore, il se peut que le processus (la manière) soit plus important que le contenu (la nourriture). Ce n'est peut-être pas le contenu de l'assiette que l'enfant refuse, mais la manière dont elle lui est servie...

À deux ans, elle a besoin de moins de nourriture qu'auparavant. Son estomac n'est pas celui d'un(e) adulte. Françoise Dolto conseillait de donner à manger aux petits de deux ans de petites quantités toutes les deux heures[1]. Les quantités de chaque aliment (légumes, protéines, féculents...) sont à évaluer sur la semaine et non à chaque repas.

---

1. Ni chips, ni confiseries, ni sodas, bien sûr ! Des fruits frais, des fruits secs, des fibres et des vitamines !

Il dit des gros mots

Quand tu réagis à un mot, je le redis ! Surtout si tu fais des yeux drôles ! Ça m'inquiète un peu d'ailleurs, alors je recommence, pour vérifier. Je ne sais pas pourquoi mamie m'a dit que c'était vilain de dire ça quand je cherchais mon qua'qua' (4x4)... Mais elle a fait des gros yeux, alors chaque fois qu'elle vient, je lui dis « qua'qua' » ! Et elle fait une sacrée tête !

C'est la preuve de l'émergence de l'imitation différée! Peu à peu le cerveau coordonne les représentations internes. L'enfant voit ou entend, et construit dans sa tête une image du geste vu ou du mot entendu, pour le reproduire plus tard. Il intériorise les comportements de ses parents mais aussi des autres adultes ou des enfants, et pas que les bons! En fait, il a tendance à reproduire surtout ce qui était étrange ou émotionnellement saillant, ce qui lui a fait peur ou l'a fait rire.

Une réaction disproportionnée est un renforcement. Le renforcement est une conséquence qui a tendance à augmenter la fréquence d'apparition d'un comportement.

Puisque son comportement a eu un résultat spectaculaire, il le réitère. Vous l'avez en quelque sorte conditionné à recommencer. Dès le plus jeune âge, attention, donc, à ne pas renforcer les comportements que vous voulez voir disparaître !

→ Objectif ? Lui enseigner les mots des sentiments et l'aider à classer ce mot, « merde », dans la catégorie gros mot, donc à ne pas dire partout.
« Tu m'as entendu dire ce mot ce matin quand mon sac s'est renversé. C'est un mot qui sort parfois quand on est énervé. Et là tu es énervé parce que ton arbre ne tient pas. C'est un mot qu'on appelle gros mot parce qu'il est chargé de colère. Parfois, il peut faire peur aux autres, alors c'est mieux de dire "zut !" On s'exerce tous les deux à dire zut quand quelque chose nous énerve ? »
La reformulation empathique du vécu de l'enfant, « Tu es déçu de ne pas réussir à faire tenir ton arbre », lui permet de se comprendre lui-même, d'apprendre à mettre les mots justes sur ses sentiments. Attention, si « merde » nécessite juste une reformulation empathique, les insultes, injures et noms d'oiseaux sont inacceptables. Ce sont des mots qui font mal. La violence commence dans le langage. Comme la honte et la peur augmentent la violence, mieux vaut éviter de les susciter. Il insulte ? Stop ! Ici, on dit ses sentiments, pas les mots cailloux.

2 ans et demi à 3 ans : moi, moi... je veux, toute seule !

5

JE TE BOUTONNE TA BLOUSE

TOUTE SEULE !

Ce n'est plus un bébé, mais c'est tellement difficile pour un papa ou une maman de ne pas faire à sa place ! Dure étape à traverser, les automatismes sont là. Nous ne sommes plus si indispensables à l'accomplissement de toutes sortes de gestes que l'enfant peut désormais faire seul. D'autant que l'enfant de cet âge est un jour très indépendante, confiante, voire autoritaire, et le lendemain, elle est collée à maman, elle pleure dès qu'elle s'éloigne ne serait-ce que de quelques mètres, surtout dans un lieu ou une situation stressante. Elle alterne câlins d'amour, fureurs et terreurs. La tempérance viendra plus tard. Le circuit de l'inhibition, qui relie la zone cérébrale des impulsions et celle de l'inhibition de l'action, n'est toujours pas opérationnel. Elle ne peut encore s'empêcher d'agir !

Toute seule!

Je peux le faire! C'est pas juste que tu fasses toujours tout.
Moi aussi je veux taper sur l'œuf pour le casser, je sais faire!
Je veux plus être un bébé!

TOUTE SEULE! Peu après la phase du non, vers deux ans et demi, survient celle du « tout seul ». L'enfant veut expérimenter ce dont elle est capable. Elle veut s'habiller seule, manger seule…

En faisant les choses à sa place, par manque de temps, pour vous simplifier la vie ou parce que vous pensez qu'elle ne va pas y arriver, vous lui retirez la possibilité d'exercer ses nouvelles compétences motrices et la joie de réussir. Alors elle s'insurge!

➜ Elle peut accomplir toutes sortes de tâches à sa portée : porter le ramequin de biscuits apéritif, vider le lave-vaisselle, ouvrir la portière, clipper sa ceinture de sécurité…
Les enseignants de maternelle ont développé des méthodes pour aider les enfants à enfiler seuls leur manteau.
À trois ans, n'hésitez pas à discuter des règles :
– Qu'est-ce que tu as envie de faire ?
– Qu'est-ce que tu préfères que je fasse ?
– J'ouvre ton œuf à la coque ou c'est toi, toute seule ?

« Je veux ! »

Quand votre amoureux vous dit :

Lui répondez-vous :   Ou lui dites-vous…

Alors pourquoi préférez-vous l'option « non, c'est non! » quand il s'agit de votre enfant?

Les parents interprètent les « je veux » comme des exigences en oubliant qu'ils ont eux-mêmes enseigné ces mots « tu veux...?». En réalité, l'enfant explore sa capacité à penser en images et y prend plaisir. L'aire visuelle associative se développe dans son cerveau, et sa seule activation déclenche des opioïdes endogènes!

Et puis, même quand il dit « je veux » avec insistance, cela ne signifie pas forcément ni qu'il veuille tout de suite, ni même qu'il désire véritablement l'objet! Non seulement il ne maîtrise pas encore bien l'emploi du conditionnel, mais un enfant use du verbe vouloir pour toutes sortes d'autres mots qu'il ne maîtrise pas encore comme penser, croire, imaginer, voir dans sa tête...

Il confond « Je veux/Je pense à/Je reconnais/Je crois/ J'aime/Ça me plaît/C'est d'accord… ». Je veux une tartine peut donc vouloir dire je veux une tartine, mais aussi : Je pense à une tartine/Ceci est une tartine/Hier, j'ai mangé une tartine/ Demain, je mangerai une tartine/Je crois que tu vas me donner une tartine/ etc.

➔ L'enfant n'a besoin le plus souvent que de cela, que son envie soit reconnue. Nos envies définissent les contours de notre sentiment d'identité. L'adulte dira « Je suis thé » ou « Je suis café », s'identifiant à ses choix. De la même façon, les envies et répulsions des enfants participent à la construction de son sentiment d'identité.

Votre enfant ne fait pas la distinction entre désir et intention ? C'est à vous de l'aider. Par exemple : « Tu as le droit de **désirer** renverser les céréales sur la tête de ton frère, mais pas de le faire. » Sans oublier une consigne claire : « Les céréales vont dans le bol. »

Petit test pour vérifier

Dans un sac, des bonbons de toutes les couleurs. Vous, adulte, pouvez énoncer votre intention : « Je vais en prendre un rouge. »

L'enfant, lui, dira « *Je veux* un rouge ». Il dit *Je veux* pour *Je vais*, mais aussi pour *C'est/Voilà/Tu vois*… Si, dès deux ans, il sait dire je vais, je veux et je dois, pour lui, ce sont des synonymes, des mots utilisés pour nommer des actions sur le point de se produire, une sorte de futur immédiat.

➜Le plaisir d'imaginer ensemble satisfait l'enfant qui est décidément plus intéressé par le processus (imaginer) que par le contenu (glace).

Petit souci toutefois, ces images dans sa tête ont beau être imaginaires, elles déclenchent des réactions physiologiques. Imaginez que vous portez une rondelle de citron à vos lèvres... Vous salivez instantanément. De la même manière l'enfant se représente une glace... Ses papilles se préparent à goûter la glace, il salive. Il a créé le désir d'une glace.

Il ne sait pas ce qu'il veut!

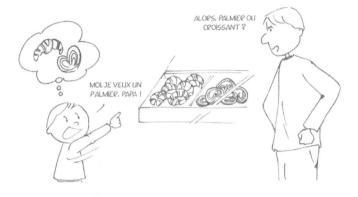

ALORS, PALMIER OU CROISSANT ?

MOI, JE VEUX UN PALMIER, PAPA !

J'ai besoin que tu me guides, que tu m'aides à utiliser mon cerveau. Je veux pas que tu choisisses pour moi parce que je veux être moi. J'aime choisir, mais j'ai besoin que tu m'aides... Si tu me fais tout le temps choisir, ou si tu attends que mes choix soient définitifs, ça m'angoisse. Je suis trop petite, je ne sais pas choisir!

L'enfant a les deux images dans sa tête. Et tout nouveau: il a désormais la capacité de mémoriser le choix qu'il ne fait pas. Il sait que le croissant existe encore même s'il a choisi le palmier. Il voit dans sa tête l'image du croissant... et donc le veut! Sinon, il n'y a pas de compatibilité entre son image et le réel, ça désorganise tout dans sa tête!

→ Les parents ont raison, il n'est jamais content !
Même quand il a choisi, il désire toujours ce qu'il
n'a pas pris. Eh oui, il peut pleurer parce qu'il
a choisi un croissant et que finalement il aurait
voulu le palmier...

Mais ce n'est pas du mauvais caractère, c'est
juste une étape difficile à passer, tant pour
les parents que pour les enfants. Respirez. Et
sachant qu'il va fatalement revenir sur son choix,
parce que c'est le fonctionnement naturel de
son cerveau, évitez de terminer votre croissant
pour pouvoir lui en donner un petit morceau !

3 ans : ensemble

C'est une période de formation intense de synapses (connexions de neurones) dans le centre de la parole et dans le lobe frontal. L'enfant développe la sensation d'un moi.

Il dit JE, devient capable de se décrire lui-même et de raconter ce qu'il ressent. Une fois le JE acquis, il passe au NOUS. Faire avec, s'identifier, l'enfant de trois ans éprouve du plaisir à se conformer. Mais pas toujours…

→ Quand le parent n'a plus d'attente, l'enfant ne subit plus de pression, son opposition tombe.

Attention, le lâcher-prise n'est pas un truc pour obtenir reddition. Il y a des choses sur lesquelles on peut lâcher, plus qu'on ne le croit. En revanche, il y a aussi nombre d'aspects absolument non négociables, imposés par les nécessités de la socialisation, pour la santé, voire la survie de l'enfant. Pas question de faire du lâcher-prise une technique universelle. Et lâcher prise n'est pas laisser faire !

Le lâcher-prise est utile parce que l'opposition de l'enfant porte plus souvent sur le processus que sur le contenu ! L'enfant ne s'oppose pas vraiment à mettre son pantalon, mais à la manière dont vous le lui avez demandé, ou parce qu'il veut mettre d'abord les chaussettes, ou... C'est vrai qu'ils sont inventifs en termes de motivations qui nous paraissent étranges !

BON, OK !
TU Y VAS EN PYJAMA.

NON, MAMAN,
JE NE VEUX PAS Y ALLER
EN PYJAMA !

Elle connaît les règles, et pourtant elle ne les respecte pas

Une enfant de trois ans peut certes comprendre des règles simples et les répéter, mais de là à ce que ces mots dirigent ses comportements, il y a de la marge.

La zone du cerveau qui répète la règle à maman ou papa dans la salle d'attente n'est pas encore bien connectée à la zone de l'inhibition de l'action!

DÉCIDÉMENT !
TU ES UN VRAI PETIT MONSTRE

Les enfants explorent avec la main, voire la bouche, jusqu'à ce que leur langage leur permette d'établir un rapport verbal avec le médecin.

LAISSEZ-LA, MADAME, ELLE EXPLORE AVEC SES MAINS.
ELLE N'A PAS ENCORE LA CAPACITÉ DE REGARDER
ET DE PENSER LES CHOSES.
J'AI TOUT SÉCURISÉ POUR QUE LES ENFANTS
PUISSENT TOUCHER À TOUT CE QUI EST À LEUR
PORTÉE DANS MON CABINET.

3 ans et demi à 4 ans : naissance de l'imaginaire, merveilles et cauchemars

Quand la lumière décline et projette des ombres, il voit des méchants ou des dragons dans les rideaux ou dans les replis de la couverture au bout de son lit. Les monstres hantent ses nuits.

Il fait des cauchemars

Son imaginaire explose, mais à trois ans et demi, ce qui est dans sa tête est pour de vrai et le terrorise.

> *Papa ! Le monstre veut me dévorer !*

➡ Ses émotions prennent forme d'images. Les monstres incarnent la violence dont il a peur. Celle qu'il a subie ou celle qu'il a exercée. Il a poussé son frère dans l'escalier aujourd'hui ? Cette nuit, il va rêver d'un monstre le poursuivant ! Il s'est vécu comme « méchant » envers son frère, et ne peut l'accepter.

Il projette donc cette agressivité en dehors de lui : ce n'est pas lui, c'est le monstre qui est agressif. C'est une période pendant laquelle il est utile de lui rappeler que parfois on se sent en colère contre quelqu'un et qu'on peut se sentir méchant, alors qu'en réalité, on est simplement fâché et qu'on a le droit de le dire.

Le soir avant de dormir, vous pouvez lui proposer :
- de parler de ce qui a été difficile dans la journée,
- de dessiner sa journée et de mettre les soucis sur le papier, avant de dormir,
- de confier ses soucis à une poupée à soucis[1].

Il a fait un cauchemar ? Il peut :
- dessiner le monstre (et ainsi le maîtriser !),
- offrir un cadeau au monstre (si, si !),
- terminer le rêve en faisant intervenir un héros qui le sauve.

1. Les poupées à soucis viennent d'Amérique du Sud. On leur confie les soucis le soir, elles les gardent toute la nuit. Vous pouvez aussi utiliser une jolie boîte à soucis (avec un cadenas) pour enfermer les soucis le temps de la nuit.

Elle dessine, peint, découpe, n'importe où et n'importe quoi ! Et dit... « c'est pas moi ! »

Quand elle répond « Je ne sais pas », c'est vrai ! Elle ne distingue pas encore comportement intentionnel et comportement accidentel.

Avant quatre ans, les enfants ne sont pas vraiment préoccupés par leurs actions avant que le résultat ne soit découvert. Ne faisant pas le lien encore entre ses actes et le résultat, l'enfant ne voit le problème que dans nos yeux.

→ Aidez-la à intégrer les différentes parties d'elle : « C'est ta main qui l'a fait. Ta main ne sait pas ce qu'elle peut faire et ce qu'elle ne peut pas faire. Elle a juste envie de s'exercer à découper. Ce serait une bonne idée que tu surveilles ta main pour qu'elle découpe seulement le papier. »

4 ans : pouvoir, règles et image de soi

VOILÀ ! ET LÀ JE PEUX AVANCER MON PION DE DEUX CASES ET... J'AI GAGNÉ !

S'il a pu suivre les règles d'un jeu quand il était plus jeune, à quatre ans, il découvre que les règles ne sont que des conventions. Quel que soit le jeu, il invente ses propres règles. Et même si, clairement, il déteste perdre, gagner n'est pas sa seule motivation. Il ne suivra volontiers la règle du jeu officielle que vers cinq, six ans (et la fera respecter à la lettre dès qu'il saura lire).

En attendant, il explore le concept même de règle, à quoi elle sert, comment elle opère, comment elle peut être modulée, qui et pourquoi la décide... Observer comment le jeu se transforme selon les règles choisies est fascinant! Et puis, comme il décide des règles, il se sent maître du jeu! Est-ce cette perte de contrôle qui perturbe tant les parents?

➜ Au début, il va modifier les règles en cours de jeu. En nommant chaque innovation de l'enfant « Ah, alors la règle c'est... », et en l'appliquant à son tour « donc, je peux... », le parent aide l'enfant à l'élaboration mentale de ses expériences. Puis, l'enfant aimera énoncer des règles qui vaudront toute la durée du jeu. Pour que ces règles ne restent pas implicites, le parent peut les faire expliciter: « Aujourd'hui, on joue avec quelles règles? Qu'est-ce qu'on dit, on a le droit de rejouer quand... ou pas?»

Et puis, le parent peut se souvenir qu'il ne joue pas, lui, pour gagner ou perdre, mais pour passer un moment d'intimité avec son enfant et l'aider à acquérir des notions importantes comme la fonction des règles. Perdre n'est pas bien grave pour un adulte. Pour un petit de quatre ans, c'est une sacrée épreuve.

Lorsque l'on pense gagner, le taux de dopamine[1] augmente dans le cerveau qui baigne dans l'excitation.

La déception active les centres de douleur dans le cerveau. Le néocortex de l'adulte tempère : « ce n'est pas grave », et calme la sécrétion.

Mais l'enfant, lui, ne peut pas encore utiliser ces zones associatives pour relativiser. Pour lui, c'est tout ou rien. Je perds = je suis nul en tout, pour tout et toujours…

Il a besoin de votre aide pour différencier l'acte de sa personne, et pour traverser ces intenses émotions.

Ce n'est pas une comédie mais une véritable détresse cérébrale !

---

1. La dopamine est un neurotransmetteur, on l'appelle aussi la molécule du plaisir.

Elle fabule et se vante

*BEN, MOI,
J'AI MANGÉ UN
PAPILLON*

Elle découvre le pouvoir de l'imaginaire. Elle peut jouer avec les images dans sa tête, déformer la réalité et l'amener à se conformer à ses désirs. Elle ne ment pas pour blesser ni même pour dissimuler, mais pour expérimenter cette fabuleuse et fascinante nouvelle capacité. Ce que je perçois est-il réalité, rêve, invention, souvenir, anticipation ? L'enfant n'en est pas toujours certaine. Les ogres et sorcières de ses cauchemars sont encore « réels », comme ceux qui se cachent sous son lit ou dans l'armoire.

À quatre ans, elle se vante : « Je suis la meilleure, la plus forte, c'est moi qui court le plus vite, qui ai la plus belle peluche, le plus de cadeaux... » Elle arbore une grande confiance en elle et vous annoncera avec un parfait aplomb « C'est moi qui ai fait ce dessin » et le soutiendra mordicus alors qu'elle comme vous pourrez constater la présence du prénom d'un autre au bas de la feuille. Elle se lance dans les comparatifs, mais ne maîtrise encore ni le conditionnel, ni les hypothèses, ni les déductions... « J'ai plus de chocolats que toi » n'est pas un constat au sens adulte du terme.

Il est timide

💡 S'il est souvent bruyant et parle beaucoup à cet âge, cette exubérance s'interrompt quand le regard de l'autre entre en jeu.

Ce n'est pas qu'il soit spécialement timide. À quatre ans, il accède à un début de « théorie de l'esprit », c'est-à-dire qu'il devient capable de se représenter ce que les autres peuvent voir et penser. Une preuve?

Il commence à comprendre que le gendarme croit trouver Guignol à un endroit alors que ce dernier est caché ailleurs. Cette nouvelle compétence le rend particulièrement sensible au regard des autres, et à l'émotion hautement sociale de honte.

TU VIENS, THOMAS, ON VA VOIR LE PIZZAÏOLO ?

OUAIS !

➡ La moquerie est particulièrement mal venue à cet âge. Et inutile de le mettre en difficulté. Cette hésitation à s'exposer au regard des autres est une manifestation de son intelligence en développement. Il a bien le temps de faire seul…

C'EST TROP CHOUETTE !

Elle ne sait pas tenir sa langue

Tu es vieille...
Tu vas mourir!

Pourquoi il a qu'un bras le
monsieur?

TU VAS BIENTÔT
MOURIR.

➜ Elle n'est pas encore capable de penser dans sa tête. Elle énonce ce qu'elle pense à haute voix pour mieux comprendre le monde, pas dans l'intention de blesser.

La tentation est forte de gronder l'enfant pour éviter le regard de la personne visée, mais ce serait renforcer l'idée d'une insulte. Mieux vaut sourire à la personne, et reprendre avec votre enfant :

« Tu te poses des questions sur la vieillesse/la mort. Oui, il y a des accidents de la vie qui peuvent faire qu'on n'ait plus de bras. Tu veux poser la question au monsieur ? »

4 ans et demi à 5 ans : conscience de soi et difficultés de la socialisation

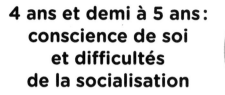

L'école... Ça m'angoisse... On est sans les parents tellement longtemps. Il y a les autres enfants qui crient tout le temps. La maîtresse qui dit que je rêve et la dame de cantine qui m'oblige à manger...

Et puis, elle est triste maman, sans moi... Qu'est-ce qu'elle fait toute seule à la maison ?

Elle a mal au ventre

Option 1: déni

Option 2: surprotection

Option 3 : autorité

Option 4 : responsabilisation

→ Un joker, c'est un droit de ne pas aller à l'école une journée, ou une matinée. Elle possède trois jokers pour l'année (le nombre et le rythme, par mois, par trimestre ou par an est fonction de l'âge de l'enfant). À elle de choisir le jour où elle l'utilisera.

→ Ignorer le comportement problème, le symptôme, renforce le souci. Dramatiser insécurise l'enfant et renforce le symptôme. Une fois la dimension médicale[1] exclue reste à découvrir les causes de l'angoisse.

1. Outre les affections digestives courantes, certaines allergies ou intolérances alimentaires, phénomènes de perméabilité intestinale, donnent ces symptômes récurrents ainsi qu'hypersensibilité ou hyperactivité.

Il est pudique

L'enfant de cet âge traverse souvent une période pudique. Paraître nu devant un inconnu est une intrusion dans sa sphère intime. Il a besoin de tisser un lien personnel avec le médecin avant de se dévêtir. Il ne supporte pas d'être un objet et il a bien raison.

S'il parle avec le docteur, il se sentira sujet et pourra donc accepter de se déshabiller et de montrer son corps nu.

Elle met des heures à s'habiller

EH ! JE TOURNE LE DOS ET TU T'ARRÊTES DE T'HABILLER !

La plupart des enfants arrivent à s'habiller seules à l'âge de cinq ans, mais plus de la moitié ont encore besoin qu'on le leur rappelle régulièrement tout au long de l'habillage.

Certaines et certains sont particulièrement distraits, c'est encore plus difficile pour eux.

→ Votre enfant a besoin de vingt minutes pour s'habiller ? Elle n'est pas la seule. Ce n'est pas réaliste tous les jours, mais une fois de temps en temps...
Sachant que c'est par distraction liée à son immaturité cérébrale et non dû à un comportement d'opposition, elle s'habillera plus rapidement dans un lieu avec peu d'objets autour d'elle.
Pour ne pas risquer de créer un jeu de pouvoir, mieux vaut réserver nos commentaires à chaque habit mis plutôt que de souligner ce qui manque.
Pour l'aider, vous pouvez aussi énoncer chaque élément à son tour : slip... tee-shirt... chaussettes...

Il pose trop de questions

Poser des limites

En 2011 encore, lorsqu'une personne évoque l'inutilité des fessées et des punitions, la réaction est immédiate et virulente : « Mais il faut bien poser des limites ! » Comme s'il s'agissait d'une évidence et comme si fessées et punitions posaient des limites.

Ce sont des limites, mais si elles sont le reflet des limites des connaissances et de la tempérance parentale, elles limitent surtout les capacités cérébrales des enfants. Est-ce bien là le but?

L'enfant a, certes, à apprendre les codes du vivre ensemble et un certain nombre de règles de protection. Mais une limite est une frontière qui entoure et définit un espace.

Pourquoi ne pas présenter à l'enfant cet espace dans lequel elle peut s'épanouir, avoir le droit de faire toutes sortes de choses, bénéficier de libertés et permissions plutôt que d'attirer son attention sur les frontières que fatalement, parce qu'on les lui aura désignées, elle sera tentée de transgresser?

Refuser en accueillant l'émotion

→ Nous avons vu que dans toutes sortes de circonstances, il est plus approprié de dire Stop plutôt que Non, d'agir concrètement, de souligner les alternatives, proposer des choix ou de rêver avec l'enfant. Nous avons découvert qu'il pouvait être dangereux de dire « non, ne touche pas à la prise de courant ! », et que « non, tu n'auras pas de bonbon » est plus déclencheur de rage impuissante qu'éducation à la frustration. Les parents disent Non à tout bout de champ à ce qui n'est ni demande, ni question. Ces Non-là sont inutiles.

En revanche, une fois vérifié qu'il s'agit d'une véritable demande, et que le désir exprimé ne dissimule pas un besoin légitime, il est évidemment utile de savoir refuser. Si l'enfant voyait tous ses désirs immédiatement satisfaits, il perdrait le sentiment des limites de lui-même, de son identité.

Le sentiment d'identité se construit dans les limites entre soi et l'environnement, dans l'expérience de la frustration.

Or nombre de parents n'osent pas refuser à leur enfant, de peur de le traumatiser, peur de le faire souffrir ou de perdre son amour. Eux-mêmes ayant souffert des refus et rejets de leurs propres parents. En réalité, ils ont peur de ses colères.

L'enfant a le droit d'éprouver de la colère, c'est l'émotion naturelle de la frustration. Il a le droit de l'exprimer au parent qui est celui par qui la frustration lui arrive. Et pour que l'enfant soit libre de ressentir et d'exprimer sa colère et ainsi d'apprendre à accepter la frustration, il est nécessaire que son parent ne se vive pas comme détruit par cette colère. Quand le parent a peur de la colère de l'enfant, l'enfant le perçoit et soit rentre en lui ses colères, soit devient violent. La violence n'est pas de la colère, c'est de la peur mêlée à de la rage impuissante.

« C'est vrai, c'est vraiment frustrant de ne pas avoir le bonbon que tu voulais » est une façon de lui donner le droit d'avoir des désirs tout en lui apprenant à mettre des mots sur son vécu.

Donner des consignes plutôt qu'interdire

IL EST INTERDIT DE COURIR
AUTOUR DE LA PISCINE

→ **Pour poser des limites, les permissions et les informations sont plus efficaces que les interdits.**
Les enfants agissent dans la direction de leur attention. Les images que nous suscitons dans leur tête sont donc l'objectif que nous leur fixons.
Les permissions focalisent l'attention de l'enfant sur le comportement désiré.
Les interdits focalisent l'attention sur le comportement problème.
Il n'est pas forcément interdit de mettre les mains sur le gaz : c'est surtout dangereux ! Il est risqué de poser un interdit sur un comportement dangereux, car, tôt ou tard, un interdit se transgresse. Tandis que lorsque l'enfant a la notion du danger, il n'y a plus besoin de répéter. Juste rappeler de temps à autre parce que sa capacité d'attention n'est pas parfaite et qu'au fur et à mesure de l'évolution, le cerveau étant tellement réorganisé, les informations ont besoin d'être redonnées.

Un seul mot suffit!

➜ Une fois la consigne énoncée, un seul mot permet de la rappeler. Vous évitez de mobiliser de la rébellion en donnant un ordre. L'enfant se sent libre. Un seul mot ne demande pas de traitement complexe du système verbal, l'enfant peut agir. Les grands discours dépassent les capacités des plus jeunes, qui ne peuvent se représenter dans leur tête ce que signifient toutes ces explications.
Expérimentez le pouvoir d'un seul mot : « bain », « lumière », « couvert ».

Responsabiliser plutôt que culpabiliser

ARRÊTE IMMÉDIATEMENT
DE TOUCHER À CETTE POIGNÉE !

> J'aime bien
> toucher à la
> poignée de
> la voiture,
> mais j'aime
> encore plus
> comprendre
> comment
> le monde
> marche et
> me sentir
> intelligent.

COMMENT PEUX-TU FAIRE
POUR QUE LA PORTIÈRE RESTE FERMÉE ?

→ Cela paraît artificiel, mais faites l'expérience, les questions sont souvent magiques. Presque instantanément, l'enfant mobilise son cerveau frontal. Elle observe, analyse la situation, et trouve même parfois des solutions auxquelles vous n'auriez jamais pensé.

Donner des informations

→ En donnant des informations plutôt que des ordres, vous mobilisez son cerveau frontal. Double avantage : il se vivra comme sujet, et donc n'aura pas besoin de s'opposer. Et il construira son intelligence et son système de décision autonome.

Le pouvoir de la description

→ Le jugement, même positif met l'enfant en tension. Et si les compliments sont excessifs ou insuffisamment précis, l'enfant peut douter. Comment féliciter sans juger ? Une clé : décrire !
Décrire vous oblige à porter davantage d'attention. Entendant vos commentaires précis, elle mesurera votre intérêt pour ses performances ou productions.

Quand on dit : « c'est bien » à un enfant, non seulement cela souligne que cela aurait pu être « mal » mais il ne mémorise pas l'action. Il mémorise sa fierté et la tension liée au risque d'échec. L'enfant est sous le jugement du parent, son cerveau frontal n'est pas mobilisé.

En revanche, si le papa décrit ce qu'il a vu, « J'ai vu comme tu as passé le ballon à Brian », l'enfant revoit mentalement l'action, la joie déclenche la synthèse de protéines qui vont renforcer la gaine de myéline[1] des neurones impliqués dans cette action, coder le passage de l'influx nerveux qui a permis cette belle passe.

Le papa aide ainsi son enfant à mémoriser l'action réussie… et donc à la réitérer!

MERCI D'AVOIR MIS LA TABLE. TU AS MÊME PENSÉ AUX SERVIETTES, TU LES AS PLIÉES ET MISES À CÔTÉ DE CHAQUE ASSIETTE.

1. La myéline est une substance graisseuse qui isole et protège les fibres nerveuses. Elle démultiplie la vitesse de propagation de l'influx nerveux.

Une « bêtise » ?

J'avais un verre entre les mains, il y a eu un bruit, et je ne vois plus rien que des bouts de verre par terre, où est passé mon verre ?

Pour un bambin, la relation de cause à effet entre son geste et le résultat n'est pas si évidente, le lien entre les bouts cassés qu'il voit et l'objet qu'il tenait en main, non plus. Inutile d'aggraver les choses en lui signifiant son incapacité.

➜ Nous parents, avons parfois une attitude bizarre ; nous réparons le problème en râlant : « Si tu crois que je n'ai que cela à faire de réparer tes bêtises. »
Nous évitons ainsi à l'enfant de faire face aux conséquences de ses gestes, l'empêchons donc de mesurer l'impact de ses comportements et d'en prendre la responsabilité et ensuite nous le punissons…

Punitions

Si les punitions éduquaient, il y a belle lurette que l'espèce humaine ne commettrait plus de crimes.

L'illusion provient aussi du fait que les punitions ont une efficacité sur le court terme, non pas en termes d'éducation, mais de soulagement du punisseur, qui a ainsi le sentiment de reprendre le contrôle de la situation. Il est difficile autrement de comprendre les raisons pour lesquelles elles sont tant utilisées. Elles ont tant d'inconvénients :

– Elles s'adressent aux symptômes, et non aux causes des problèmes. Et rien que pour cela, chacun devrait les éviter. Comme le problème ne sera pas résolu, il ne man-

quera pas de se manifester par d'autres comportements déviants, entraînant fatalement une escalade.

– Elles évitent à l'enfant de faire face aux conséquences naturelles ou logiques de ses actes.

– Lorsqu'il n'y a pas de lien entre le comportement et la punition, l'enfant n'apprend rien sur les raisons pour lesquelles cette action était inappropriée.

– Elles empêchent l'émergence du sentiment sain de culpabilité en détournant l'attention de l'enfant vers des sentiments négatifs à l'égard du parent : injustice, colère, crainte…

– Elles font honte à l'enfant et donc bloquent plus encore le processus sain du sentiment de culpabilité qui aurait permis de prendre conscience de l'acte commis au profit du sentiment d'être mauvais en tant que personne.

– Les émotions causées par la punition stimulent le circuit de stress et empêchent l'enfant de réfléchir à ce qu'il a fait. La mémoire fonctionne, oui, mais l'enfant mémorisera le stress, la peur du parent, et non pas ce qui aura déclenché la punition. Les punitions n'enseignent que la peur du gendarme et non pas responsabilité et autodiscipline.

– La peur et la honte engendrées par les punitions inhibent les fonctions cérébrales supérieures, ce qui a un impact sur les performances intellectuelles, la vie émotionnelle et la socialisation.

– Le parent perd de l'autorité progressivement, d'une part parce que l'enfant se protège de ses sentiments désagréables par un « Je m'en fiche » et d'autre part parce que, du fait de leur inefficacité sur le moyen et long terme, les punitions doivent être de plus en plus sévères. Punir n'est pas manifester son autorité. Nous punissons par manque d'autorité! Le parent exerce une autorité naturelle. Si cette autorité est reconnue, nul besoin de se montrer autoritaire.

– Les parents punissent parce qu'ils sont dépassés et impuissants. L'enfant le perçoit et perd confiance en ses parents, cela l'insécurise, et cette insécurité se manifestera par davantage de comportements déviants.

Cris

Quand tu cries, papa, je suis terrorisée. Ça me fait froid partout. Je tremble. Après, je tremble encore longtemps, parfois toute ma vie.

Pendant des siècles, on a forcé les enfants à se soumettre par la crainte.

On sait aujourd'hui que l'activation répétée de l'alerte cérébrale déclenchée par la peur durant l'enfance peut provoquer plus tard des troubles de l'anxiété. Il y a bien suffisamment d'occasions naturelles d'avoir peur pour ne pas en rajouter.

Dévalorisations, jugements, étiquettes

PLUS TARD...

QUEL MALADROÏT!

EUH... JE ME SERS OU PAS...
ET SI JE CASSE...
JE SUIS MALADROÏT !

En jugeant votre enfant: maladroit, colérique, timide, pied gauche ou pot de colle… vous déclenchez une réaction de stress dans son organisme.

Face à une situation proche, son amygdale déclenchera l'activation des mêmes circuits neuronaux… et le jugement s'affichera comme un ordre dans le cerveau « nul », « maladroit »… inhibant les capacités de l'enfant. Défini par l'insulte, le petit se soumettra à cette définition, il s'y conformera sa vie durant.

Cela s'appelle la réalisation automatique des prédictions, ou effet Pygmalion[1].

---

1. Une première expérience menée par Rosenthal a montré que les attentes des étudiants influaient sur les capacités des rats de laboratoire, puis une autre expérience de Rosenthal et Jacobson a montré l'incidence des attentes des enseignants non seulement sur les résultats scolaires des élèves, mais sur leur QI, mesuré indépendamment.

Coups, gifles et fessées

Frapper, cogner, gifler, donner des fessées, tirer les oreilles, donner des petites tapes... fait du bien au parent qui s'est ainsi libéré de ses tensions et a l'impression d'avoir fait quelque chose, donc de ne plus être impuissant.

Pour le reste, c'est non seulement inutile mais nocif :

– Les coups enseignent que frapper est une manière de résoudre les problèmes, de plus, conseillée par les parents !

– S'ils interrompent le comportement sur le court terme, ils sont inefficaces sur le moyen comme le long terme et pour cette raison, si le parent persiste dans cette voie, il risque d'escalader dans la violence.

– L'enfant, pour se protéger, se blinde : « Même pas mal. »

Cette insensibilisation lui posera problème plus tard. (Notamment par une augmentation du risque d'accidents de voiture[1].)

— Les coups figent le développement émotionnel naturel.

— L'enfant est humilié, honteux. Il se sent diminué, coupable de tout, mauvais, ce qui altère sa confiance en lui-même et en ses capacités. Il éprouve des sentiments d'abandon, d'exclusion, de rejet, il se vit comme sans valeur.

> **MÊME PAS MAL !**
>
> *Je n'existe plus, je suis figée par la terreur, je me replie tout au fond de moi, je me sens si mauvais.*
>
> *Au secours ! Personne ne vient ? Je voudrais disparaître dans un petit trou.*
>
> *Pourquoi tu me fais ça ?...*
>
> *Pourquoi tu me tapes comme ça, je suis certainement LE MAL... Il faut que je le cache.*

— Il accumule en lui de la peur et de la rage qui risquent de ressortir plus tard en symptômes de violence sur autrui, les copains de l'école, puis toute personne sur qui il aura de l'ascendant, ses enfants notamment ou retournée contre lui-même, sous forme de maladie psychosomatique ou d'échecs répétés.

— Même adulte, la crainte sera prête à resurgir à chaque instant. Ayant peu confiance en lui, il tentera de s'adapter plutôt que de remettre en cause les choses, se soumettra avec obéis-

---

1. *Faut-il battre les enfants ?* Jacqueline Cornet, éd. Hommes et Perspectives.

sance à toute autorité ou au contraire prendra le pouvoir par la force sur autrui, puisque c'est ce qu'il aura appris.

– Ils bloquent la socialisation. L'autre est vécu comme potentiellement dangereux, l'enfant, puis l'adulte s'éloignent des autres physiquement et/ou affectivement.

–Ils introduisent une confusion dans les repères. Comment comprendre que qui dit vous aimer vous frappe ? Dans la tête de l'enfant, amour et humiliation s'associent, ce qui ne présage rien de bon pour ses futures relations amoureuses.

Isolement, temps mort, « time-out »

VA DANS TA CHAMBRE !
TU REVIENDRAS QUAND TU SERAS
CALMÉ ET CAPABLE D'ÊTRE
ATTENTIF À CE QUE TU FAIS !

C'est pas juste. Et puis, je ne sais pas quoi faire dans ma chambre.

C'est pas bien de sentir ça (la colère) dans moi, je suis mauvais.

Si le « time-out » de son enfant permet à l'adulte de se calmer et de reprendre le contrôle de lui-même, les mesures de mise à distance, voire d'exclusion, n'éduquent pas.

L'enfant submergé par ses émotions ne peut se concentrer et réfléchir sur ce qui l'a fait agir. Il serait plus pédagogique de prendre la responsabilité de notre besoin en annonçant : « Je vais quelques minutes dans ma chambre pour me calmer, on se reparle après. »

Imposer un « temps mort » n'est efficace qu'à l'adolescence, à partir de douze ans, quand l'enfant a la capacité de se décentrer suffisamment de lui-même, d'analyser ses comportements, leurs causes et leurs conséquences.

Si vraiment vous y tenez, n'oubliez pas que même les plus fervents supporters de cette technique donnent des consignes précises : pas plus d'une minute par année d'âge de l'enfant. En revanche, il est approprié d'appliquer une conséquence logique, c'est-à-dire par exemple de cesser de jouer et d'interagir avec un enfant si son comportement rend la relation désagréable.

Faire respecter ses propres limites « là, moi, je n'ai plus envie de jouer » permet à l'enfant de peu à peu intégrer la dimension de l'autre.

De plus, envoyer l'enfant dans sa chambre peut avoir de fâcheux effets secondaires :

BONNE NUIT,
CHLOÉ.

Quand je suis en colère, ne me laissez pas toute seule avec mes idées noires. Si je les laisse dans ma chambre, je les retrouve au moment de dormir....

J'aurais besoin que tu m'aides, maman, à comprendre ce qui se passe en moi. Assieds-toi plutôt près de moi pour m'aider à dire les soucis qui sont dans ma tête pour qu'ils ne me fassent plus mal.

💡 ATTENTION AUX ASSOCIATIONS QUE PEUT FAIRE LE CERVEAU

Nous ne sommes pas toujours conscients des associations que nous invitons dans le cerveau de nos enfants. Un petit peut se remettre à pleurer chaque fois qu'il rentre dans un ascenseur, parce qu'une fois il a eu peur ou mal, juste là, et a associé le lieu et l'émotion.

Rejet

Le rejet met le cerveau de l'enfant en détresse. Son amygdale déclenche un déluge d'hormones le figeant dans le stress. L'enfant n'est plus en état ni d'apprendre ni de réparer.

Faire honte

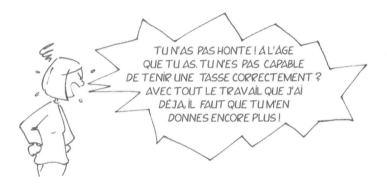

TU N'AS PAS HONTE ! À L'ÂGE QUE TU AS. TU N'ES PAS CAPABLE DE TENIR UNE TASSE CORRECTEMENT ? AVEC TOUT LE TRAVAIL QUE J'AI DÉJÀ, IL FAUT QUE TU M'EN DONNES ENCORE PLUS !

J'ai honte et j'ai peur. Je ne sais pas comment faire pour que tu m'aimes de nouveau. Je me sens perdue. C'est comme si tu me disais que je suis pas une humain. Je me dis que je suis vraiment mauvaise.

La honte est une émotion si douloureuse que tout un chacun la fuit comme il le peut, par la dissimulation, le mensonge, l'accusation d'autrui… Elle empêche le travail sain du sentiment de culpabilité, lequel est prise de conséquence de ses actes et désir de réparer.

L'excuser et réparer à sa place

→ Tout pardonner n'éduque pas. Effacer les conséquences empêche l'enfant d'apprendre. S'il est normal de tout faire pour un nourrisson, dès que l'enfant est en âge de faire seul, il est important de le lui permettre sous peine de lui enseigner :
– qu'il n'est pas capable,
– que ses gestes n'ont pas de conséquence et que donc, il est inutile qu'il soit attentif à leur portée,
– que les autres sont à son service.
Ce qui ne lui apportera guère de bonheur dans sa vie future. C'est aussi le laisser dans le désarroi et l'impuissance. Il va les cacher puisque vous lui ferez un sourire, mais puisqu'il n'aura pas goûté à la fierté de réparer par lui-même, il conservera ses sentiments douloureux et les enfermera au fond de lui.

Alors comment réagir quand il fait une bêtise?

Réfléchissons à une attitude éducative:
Que voudrions-nous voir dans le futur si cela lui arrivait encore?
Nous aimerions le voir se lever pour nettoyer. C'est-à-dire prendre conscience de l'impact de ses gestes et savoir réparer.
Il se sent démuni et impuissant devant ce qui vient de se passer.
Indiquons-lui la direction à prendre et surtout laissons-le faire par lui-même.

Conséquences naturelles ou logiques, sanctions réparatrices

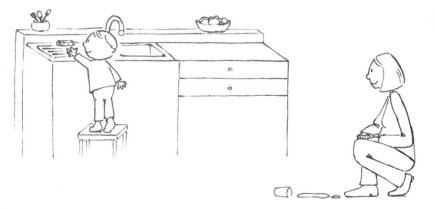

S'il est en âge de comprendre que son acte a généré le problème, la sanction est souvent déjà arrivée, elle est la conséquence naturelle ou logique du comportement de l'enfant, elle est éducative et une alternative constructive aux punitions, car elle responsabilise l'enfant en lui permettant de mesurer la portée de ses actes et lui enseigne une voie de retour dans la relation.

→ Pour définir une attitude, penchons-nous sur les sentiments de l'enfant. Comme vous, si vous aviez fait tomber votre tasse de thé ou votre verre de vin chez un(e) ami(e), l'enfant éprouve désarroi et impuissance. Il a donc besoin de faire quelque chose d'utile pour réparer le désordre causé et restaurer son image de lui-même.

Sans donner d'ordre, bien sûr, sous peine de perdre le bénéfice de cette réparation, le parent peut donner des indications sur la marche à suivre.

Dès trois ans, l'enfant se mettra avec entrain en chemin pour remédier au problème qu'il aura causé.

Évidemment, s'il y a des bouts de verre au sol, le parent va ramasser le verre, mais pourquoi l'enfant n'irait-il pas chercher pelle et balai ? Quand l'acte n'entraîne pas de conséquence naturelle, le parent applique des conséquences logiques. Par exemple : « Tu as jeté le camion, je le retire. » Il est important de doser le temps de suspension de l'objet en fonction de l'âge sous peine d'inefficacité : pas plus de cinq minutes à deux ans et pas plus d'une heure à quatre ans.

Pour aider nos enfants à grandir, mieux vaut se concentrer sur les solutions que sur les problèmes.

Les disputes entre enfants

Les motivations des conflits entre enfants sont variées et complexes, la jalousie, souvent invoquée, est bien loin de constituer le motif principal de bataille. Inutile et risqué de demander « que s'est-il passé ?». Les enfants racontent alors leur vérité, et à quatre ans ou moins, cette notion est assez labile ! « Qui a commencé ?» est aussi une question piégée qui ne ferait que les inviter à justifier leur conflit. Les véritables raisons, le plus souvent, siègent hors de leurs possibilités de compréhension consciente. Si la compétition pour la satisfaction d'un besoin est assez facilement identifiable, les tensions auxquelles les invitent leurs neurones miroir et les fines interactions systémiques dans la famille leur échappent bien naturellement. Les conflits peuvent surgir quand l'autre représente un obstacle aux entreprises de l'un, empiète sur son territoire, mais l'insécurité, un espace vital trop petit ou trop vaste, le désœuvrement ou la surstimulation peuvent aussi être déclencheurs. Certaines bagarres sont de simples décharges motrices.

À dix-huit mois, l'enfant n'a aucune intention de blesser, il est dans la simple utilisation de ses compétences physiques. À deux ans, il n'est toujours pas capable d'une intention de blesser, mais il peut être dans un rapport de force. La morsure apparaît entre deux et trois ans. Même si elle apparaît au moment d'un conflit, elle ne résulte pas d'un projet conscient de faire mal.

À trois ans, chaque conflit est une bonne occasion pour lui enseigner quelques habiletés relationnelles : écouter l'autre, faire preuve d'empathie, s'excuser et réparer. S'il ne peut évidemment pas recoller les cheveux, il peut faire quelque chose pour restaurer la relation.

➔ **Option 1 :** Interrompre d'un simple Stop et DÉCRIRE
Il suffit parfois que la situation soit nommée par le parent
pour que les enfants se regardent et se mettent à agir
autrement. En nommant la situation, nous les invitons à se
regarder depuis l'extérieur, donc à opérer une dissociation
spatiale.
Elles sont intéressées ! Comme elles ne peuvent pas réfléchir
et taper en même temps, si elles ne sont pas trop investies
dans la bataille, elles s'arrêtent.

STOP !
JE VOIS DEUX GARÇONS
QUI SE DISPUTENT UN CAMION.

➔ **Option 2 :** Faire réfléchir
Autant leur confier la recherche de solutions. Ils l'appliqueront
plus volontiers et peuvent se révéler très créatifs !

QUE POURRIEZ-VOUS
TROUVER COMME SOLUTION
POUR QUE TOUT LE MONDE
SOIT CONTENT ?

VOUS VOULEZ TOUS LES DEUX
LE CAMION JAUNE. QU'EST-CE QUE
VOUS PRÉFÉREZ ? JE GARDE LE CAMION
ET VOUS JOUEZ À AUTRE CHOSE ?
CHACUN SON TOUR ET JE METS LE MINUTEUR
POUR CHANGER DE TOUR ?
L'UN JOUE AVEC LE CAMION, ET L'AUTRE
DESSINE PENDANT CE TEMPS ?

→ **Option 3 :** Offrir des choix
Si les options 1 et 2 peuvent se
suivre, l'option 3 est une autre
approche, destinée aux plus jeunes
qui ne sauraient pas encore trouver
des solutions et résoudre des
problèmes.

→ **Option 4 :** Mener une médiation
Le parent ne prend pas parti. Il
incite chaque enfant à s'exprimer
(sans attaquer) puis à écouter
l'autre. Pour être certain que l'enfant
a bien écouté, il est important de
lui demander de reformuler et de
vérifier si la reformulation reflète
bien ce qu'a dit le premier.
Les enfants ne sont pas conscients
du vécu de l'autre. Dès qu'ils
l'entendent, ils sont le plus souvent
prêts à coopérer. À condition,
bien sûr, qu'il n'y ait pas d'attaque
ni de jugement, mais seulement
expression des sentiments et des
besoins.
La médiation se déroule comme
suit : expression/reformulation/
vérification, si OK, expression de
l'autre/reformulation/vérification,
etc.

MARTIN, DIS CE QUE TU VEUX À
YVON AVEC DES MOTS. YVON, TU ÉCOUTES
D'ABORD. APRÈS, CE SERA À TOI DE
DIRE ET À MARTIN D'ÉCOUTER.

Compétition

→ Il est toujours utile de vérifier le niveau du réservoir d'amour de chacun[1]. Un enfant qui ne se sent pas aimé, ou moins aimé que son frère, accumule de la rancœur contre le préféré et déclenche force conflits avec ce dernier. Mais le sentiment de jalousie est loin d'être élaboré comme il l'est pour les adultes. Pour un petit de dix-huit mois, l'autre fait obstacle à l'atteinte de la ressource, c'est tout. Il ne lui prête pas d'intention malveillante, son cerveau ne le lui permet pas.

1. Le sentiment de culpabilité empêche parfois le parent de prendre conscience des préférences qu'il fait entre ses enfants. Et il arrive qu'à son grand désespoir un parent n'arrive pas à aimer autant un de ses enfants. Pour en approfondir les raisons, et rétablir le lien, le lecteur ou la lectrice se reportera à mon livre *Il n'y a pas de parent parfait.*

Décharge de tensions

C'est leur réflexe de mammifère qui est en cause. Le manque d'autorité de la maman ou la mauvaise volonté des enfants n'y sont pour rien. Ils ont accumulé du stress pendant l'absence de maman et le déchargent quand la source de sécurité est enfin revenue.

Quand une enfant est infernale, l'interprétation adulto-centrique « Elle m'en veut d'avoir été absente » nécessiterait une capacité de décentration impossible avant l'âge de quatre ans. Par ailleurs, que vos enfants se délivrent de leurs tensions en se disputant à votre arrivée est plutôt bon signe. Quand vous êtes trop longtemps absent(e) que ce soit physiquement ou affectivement, le stress peut être tel que vous n'êtes même plus perçu(e) comme une source de sécurité.

Votre présence provoque alors son retrait. Entrer en contact avec vous risquant de déclencher en elle un torrent d'hormones de stress, l'enfant préfère rester à distance.

Elle ne veut pas prêter

Ni égoïsme ni caprice, l'enfant commence tout juste à explorer les frontières entre moi et l'autre. Elle ne saisit pas bien la différence entre je, me, moi, mien, tu, toi, tien. Elle défend son territoire, s'identifie à ses jouets et ne veut pas les laisser à autrui. Mais attention : « C'est à moi » ne signifie pas vraiment une possession au sens où un adulte la pense.

Autour de dix-huit mois, l'enfant commence à faire des connexions entre les objets et les gens qu'elle voit ensemble souvent. Maman et son sac, papa et son ordinateur... Mais cela ne signifie pas qu'elle comprenne l'idée de propriété.

À deux ans, l'enfant est très préoccupée par la définition de ce qu'elle peut toucher ou non. Quand elle saisit le jouet de son copain et dit « C'est le mien », elle veut dire « Je l'ai dans les mains, j'ai le contrôle sur ce jouet ici et maintenant ».

→ Lui dire « Ce n'est pas à toi, c'est le jouet de Zéphyrin » induit de la confusion parce que Zéphyrin n'a pas le jouet en main. Il est plus utile de lui dire « oui, tu as le camion dans tes mains maintenant » et de poursuivre selon les jours avec quelques habiletés de parentalité positive, pour lui enseigner les deux dimensions complémentaires qu'elle a besoin d'acquérir : le sens de la propriété et de ses droits : « Tu as le droit de le garder pour toi. C'est à toi. » Et la frustration et la reconnaissance des droits de l'autre. Mais chacun son tour n'est pas si simple et demande apprentissage.

Chacun son tour

Attendre son tour est un effort énorme pour un petit de moins de quatre ans. Son cerveau frontal n'est pas encore assez développé pour lui permettre d'anticiper, de se représenter un futur, même proche. Or, sans la perspective d'un futur, attendre son tour n'a aucun sens !

De plus, quand Jules lâche la voiture, Kevin n'est plus intéressé. Maintenant, il veut le seau que Jules tient. Une autre voiture ou un second seau, même identiques, ne résoudront pas le problème, car en réalité, c'est le geste plus que l'objet qui intéresse Kevin. En effet, les systèmes cérébraux d'imitation sont particulièrement actifs dans la petite enfance. C'est grâce à eux qu'il apprend, grâce à ces grands neurones, appelés neurones miroir parce qu'ils s'activent de la même façon quand vous faites un geste ou regardez autrui faire ce geste. Quand il voit son frère agir, les neurones miroir de Kevin sont fortement sollicités, tout son corps est bandé vers le mimétisme. Il ne se dit pas « J'ai envie de prendre la place de mon frère », c'est son corps qui le porte vers l'objet qu'utilise ce dernier. Mesurons l'intensité des impulsions qu'il doit refréner, alors même que la zone de son cerveau qui gère l'inhibition n'est pas encore vraiment opérationnelle.

Chacun son tour ne commencera à prendre du sens qu'à l'approche des trois ans.

→ Ce n'est pas qu'il ne comprenne pas que chacun a droit à un tour. Il n'est pas non plus ni jaloux, ni égoïste. Évitons de le culpabiliser, il a surtout besoin d'aide pour apprendre à maîtriser ses circuits cérébraux. Après avoir commenté avec empathie « Tu as vraiment envie de jouer comme Jules, hein… », voici quelques idées pour lui permettre de mesurer qu'il y aura bien une fin à son attente : Un minuteur à œuf. Quand ça sonne, c'est ton tour ! (Avantage : ils peuvent le manipuler.) Une chanson ! Chacun joue pendant la durée de la chanson.

Vous pouvez aussi profiter de cette situation pour leur enseigner des compétences émotionnelles et sociales : « Que peux-tu faire pendant que tu attends ? Tu peux : bouder, regarder si tu as un truc dans tes poches pour jouer, sauter et courir autour, chanter, jouer aux billes, faire quelque chose de méchant, jouer à autre chose, demander de l'aide à un adulte… Par quoi as-tu envie de commencer ? Imagine que tu le fasses. Si tu fais ça, comment te sentiras-tu ? »

Conflits de territoire

ARRÊTES DE TOUCHER À MES AFFAIRES !

→ Le petit touche à tout et envahit l'espace du grand, c'est dans sa nature. Le grand supporte mal que le petit touche à ses affaires. D'une part parce que le petit ne les traite pas forcément correctement, et d'autre part parce qu'il a besoin de se différencier.
Ils vivent dans la même chambre ? Partagent une même salle de jeu ? Marquer les séparations par des meubles, un trait au sol, des tapis qui délimitent des espaces personnels. Quand chacun a son tapis et peut déployer ses jeux dessus, les conflits baissent. Tout au moins ceux qui sont fondés sur des soucis de territoire.

Lutte contre la régression

À la vue de son/sa cadet(te), les neurones miroir s'activent dans le cerveau de l'aîné(e), et commandent la synchronie. Son corps l'incite à l'imitation des gestes et rythmes du petit. Mais… C'est régresser! La grand lutte contre cette tentation de régression, et déploie son agressivité contre ce bébé qui la provoque. Le/la grand(e) a grand besoin de prendre ses distances avec son/sa cadet(te). Elle ne veut pas prêter ses affaires pour bien marquer sa différence.

ABA BABA

Il me copie !

→ Le petit voue une admiration sans borne à son aîné. C'est inévitable ! Le grand est toujours plus grand, plus fort, plus doué... Il le copie en tout. Exaspérant pour l'aîné !

Elle ne veut pas jouer avec son amie

1. Décrire

JE VOIS ICI UNE PETITE FILLE
QUI JOUE DANS SA CHAMBRE ET UNE AUTRE
PETITE FILLE QUI EST INVITÉE...

2. Donner des informations

Ce qui est une évidence pour nous n'en est pas une pour l'enfant. Et nous oublions trop souvent que les enfants n'ont pas encore la notion du temps. Quand nous leur avons demandé « voudrais-tu inviter ton amie? » ils n'ont pas forcément réalisé que cette dernière allait venir dans leur chambre et jouer avec leurs jouets. Ils ont répondu oui pour « inviter » pas forcément pour « jouer avec elle dans ta chambre avec tes jouets ».

QUAND ON INVITE UNE AMIE CHEZ SOI,
ON EN EST RESPONSABLE.
C'EST PEUT-ÊTRE MIEUX SI TU T'EN
OCCUPES, TU JOUES AVEC ELLE.
QU'EN PENSES-TU?

3. Faire réfléchir et inciter à l'empathie

«Comment tu te sentirais si tu étais invitée chez une amie et qu'elle ne voulait pas jouer avec toi? À ton avis, comment se sent Zoé?» Vous pouvez tenter cette approche dès trois ans mais ce ne sera vraiment intégré qu'à partir de quatre ans.

Selon son âge

12

Tom a-t-il menti?

Il ment

Avant trois ans

Avant l'âge de trois ans les enfants ne saisissent pas le concept de mensonge. Quand il dit non à sa mère, Tom ne ment pas. Il ne voit pas le bracelet dans sa tête et ne se souvient pas encore de ses actes, la question « as-tu pris mon bracelet » sonne à ses oreilles comme une devinette posée sur votre état interne. Il décode le ton de la voix et la tension de maman, tout cela lui dit « non ». En disant « non », Tom pense avoir bon ! Et puis, l'enfant a appris le mot « non » et constate qu'il peut être utilisé pour bien plus de choses que seulement refuser.

À trois ans

Il découvre les images mentales, et à ses yeux, ce qui est dans sa tête est pour de vrai. Il ne ment pas, il dit ce qu'il voit dans son esprit. Comme il ne fait pas bien la différence entre la réalité externe et sa réalité interne, il ne perçoit pas forcément que ce qu'il raconte n'est que dans sa tête et n'est pas perceptible par vous.

À partir de trois ans et demi

La grande majorité des enfants de trois ans et demi, quatre ans, mentent. Est-ce du mensonge ?

Pas encore au sens où un adulte l'entend. Il est fasciné de découvrir qu'il peut utiliser le langage pour dire quelque chose qui n'est pas vrai. C'est un passage nécessaire de construction de son cerveau, il exerce cette nouvelle capacité de pouvoir jongler avec des images dans sa tête. Il teste, oui, mais pas votre autorité, il teste le pouvoir des mots et cette fabuleuse faculté que nous avons de construire la réalité avec les mots. Il fait le monde à ses désirs et y croit.

À cet âge, il peut aussi mentir par inquiétude, par peur de votre jugement.

À partir de quatre ans

Il peut mentir pour éviter des conséquences, ne pas faire quelque chose qu'il ne veut pas faire, ou éviter une punition.

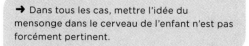

➜ Dans tous les cas, mettre l'idée du mensonge dans le cerveau de l'enfant n'est pas forcément pertinent.

JE L'AI TROUVÉ, AH AH !
IL ÉTAIT DANS TA POCHE ! COMMENT IL EST
ARRIVÉ LÀ ? MYSTÈRE... ON CHERCHE ?
MOI, JE CROIS QUE TES YEUX L'ONT VU SUR
MON BUREAU. TA MAIN L'A PRIS... ET L'A MIS
DANS LA POCHE. CE SERAIT BIEN QUE TU SURVEILLES
TA MAIN.

Un apprentissage progressif, le rangement de la chambre

QU'EST-CE QUE C'EST QUE CE CIRQUE ! RANGE TA CHAMBRE !

Maman, j'ai peur quand tu cries. Je regarde ma chambre et je ne sais pas quoi faire. Je ne comprends pas ce que tu veux. Je ne sais pas ranger. Je préfère que tu m'apprennes au lieu de me faire peur.

Le rangement de la chambre est souvent une source de conflit. Pour le parent, les objets sont à leur place rangés dans les armoires. Pour l'enfant, leur place est… là où elle les a posés et peut les voir!

Une toute petite ne peut pas encore penser à ce qui est caché dans un tiroir ou une armoire. Dans une chambre trop rangée, elle reste dépendante de vous pour le choix des jeux. Quand les jouets sont visibles, elle est attirée par l'un ou par l'autre. Elle n'aime pas les voir disparaître.

Des études ont montré que les désordonné(e)s avaient quelques points de Q.I. de plus que les autres! Sont-elles devenus plus intellligentes parce que désordonnées ou l'inverse? Toujours est-il que la corrélation est bien là et peut aider les parents à déstresser. Avantage à la complexité! En effet, les objets éparpillés fournissent des stimulations visuelles, le cerveau opère des liens pendant que le regard va de l'un à l'autre... les voit dessus, dessous, devant, derrière...

Apprendre, c'est mettre de l'ordre dans le désordre... mais pour mettre de l'ordre, il faut du désordre. Donc ni rangement compulsif, ni laisser-faire... Et un apprentissage progressif selon les âges:

Douze mois, je montre

TOUTES LES POUPÉES
VONT DORMIR DANS CE COFFRE

Deux ans, j'offre des choix

Trois ans, je propose mon aide

Quatre ans, une consigne à la fois

→ À quatre ans, elle peut ranger seule. Mais gare à la créativité débordante de cet âge, l'enfant semble grande, et papa ou maman peut être tenté(e) de laisser l'enfant quelques minutes... Sachant qu'elle ne peut conserver une consigne longtemps dans sa tête, mieux vaut penser à orienter clairement son attention en n'en donnant qu'une à la fois, non pas « range ta chambre », mais « tous les livres vont sur cette étagère » pour revenir un peu plus tard « bravo ! Les livres sont rangés ! Maintenant... les voitures », etc.

Que faire?

Version autoritaire :

Version soumission à l'enfant :

RÉSOUDRE UN PROBLÈME EN HUIT ÉTAPES

1. Toujours privilégier la relation

Plus la situation est difficile, plus il est important de remplir le réservoir d'amour. Et d'autant plus que l'enfant nous exaspère.

2. Évaluer les besoins et possibilités de chaque âge

Il grandit toujours plus vite qu'on ne s'y attend et il est toujours plus petit qu'on ne le croit ! Impossible pour les parents de toujours viser juste ! Ce sont les résistances de nos enfants qui nous indiquent leurs limites et leurs besoins.

C'EST À CAUSE DE MOI
SI MAMAN ELLE EST
TRISTE !

JE SUIS UNE
MAUVAISE MÈRE !

3. Réfléchir : Qui a le problème ?

Est-ce mon problème ? Alors j'exprime mon besoin. Si le problème est de son côté, je me mets à l'écoute. Inutile de faire de la compétition de besoins avec son propre enfant.

Exemple de problème appartenant à l'enfant :

Il crie, insulte, pleure, trépigne, se balance... Les comportements excessifs de nos enfants sont le reflet de leurs difficultés. Le problème est donc le plus souvent de leur côté.

Exemple de problème appartenant au parent : Une maman qui n'a pas envie de laisser son enfant à la crèche pour aller travailler peut projeter sur l'enfant ses émotions. Le petit pleure en réponse au problème de maman.

211 selon son âge

4. À quel problème ce symptôme répond-il ?

Quel est le besoin, carence ou excès (besoins physiologiques, biologiques, émotionnels, psychologiques...) ? Quel est le nœud dans les pensées de l'enfant ? Les comportements qui posent problème sont des solutions. Si notre enfant a de la fièvre, nous cherchons certes à faire baisser la fièvre, mais nous savons qu'il s'agit d'un symptôme et qu'il est utile d'en identifier la cause, infection, virus... Ce n'est que lorsque nous aurons identifié cette cause que nous chercherons le médicament adéquat.

5. Quel est mon objectif ?

Qu'est-ce que je vise en tant que parent ? Me décharger de mes tensions, contrebalancer mon sentiment d'impuissance, protéger un petit frère, assurer sa sécurité physique, le rassurer, lui enseigner quelque chose, pallier son immaturité cérébrale, l'aider à développer son cerveau frontal, restaurer le lien, etc.

6. Évoquer différentes options d'attitude

Il est important de ne pas se piéger dans l'idée qu'une seule attitude, donc une seule solution, serait possible. Auquel cas, nous chercherions « la bonne » solution. Non. Chaque solution a ses conséquences. C'est pour cela qu'il est utile de définir notre objectif. Et vers un même objectif, différentes routes sont souvent possibles. L'idée d'une « bonne » chose à faire en toutes circonstances est source d'un sentiment de culpabilité des parents tout à fait inutile et destructeur.

7. Mettre en œuvre l'attitude choisie

Une fois choisie, l'attitude est la bonne. Les résultats ne sont pas toujours immédiats, surtout si nous changeons beaucoup de style éducatif. Nombre de nouvelles compétences de parentalité positive auront un impact instantané. Pour d'autres, il peut y avoir un temps de latence pendant lequel l'enfant est sur ses gardes.

8. Évaluer le résultat

Pour autant, bien sûr, qu'il n'était pas comportement naturel lié à l'âge de l'enfant, mais bien manifestation d'un problème, le comportement symptôme a-t-il cessé ? Un autre symptôme, une autre manifestation, est-elle apparue ?

Qui a le problème ? « Méchante » est un jugement. Or, il y a toujours une blessure ou une émotion sous un jugement. C'est donc lui qui a le problème !

Quel est le problème ?

→ Option 1: Je viens de le frustrer :

SI JE L'AI FRUSTRÉ, JE LUI ENSEIGNE LES MOTS POUR LE DIRE.

TU ES EN COLÈRE CONTRE MOI PARCE QUE J'AI REFUSÉ TA DEMANDE ?

OUI !
C'EST PAS JUSTE !!

MAMAN M'AIME !

→ **Option 2:** Je ne l'ai pas frustré, je ne vois pas de déclencheur immédiat, je revois la journée depuis le matin...

CE MATIN, J'ÉTAIS EN COLÈRE CONTRE TOI ET JE T'AI TRAITÉ DE MÉCHANT.

ET TU AS GARDÉ ÇA DANS TON COEUR JUSQU'À RÉUSSIR À ME LE DIRE...

MMH ! MMH !

QU'EST-CE QUE ÇA T'A FAIT DANS TON COEUR QUAND JE T'AI DIT QUE TU ÉTAIS MÉCHANT ?

QUE TU M'AIMAIS PAS

TU AS LE DROIT D'ÊTRE PAS CONTENT. TU VOIS COMME ÇA FAIT MAL DE DIRE À L'AUTRE QU'IL EST MÉCHANT. ALORS JE TE PROPOSE : ON SE DIT « JE SUIS PAS CONTENT » MAIS, NI TOI NI MOI ON DIT PLUS À L'AUTRE QU'IL EST MÉCHANT. OK ?

OK !

→ **Option 3:** Je ne vois pas le problème, lui le connaît, quoique ce ne soit pas forcément conscient. Alors je me mets en situation d'écoute et je l'incite à me parler.

Les enfants d'aujourd'hui sont-ils pires que ceux d'hier ?

Si les enfants d'aujourd'hui semblent manifester davantage de colères que les enfants d'hier, c'est peut-être parce qu'ils font face à bien davantage de stimulations, d'occasions de choix, de déceptions...

Les enfants d'hier ne faisaient pas de comédies dans les supermarchés... parce que les supermarchés n'existaient pas. Ils ne hurlaient pas quand on éteignait la télévision, parce qu'il n'y avait pas de télévision. Les enfants d'hier ne faisaient pas non plus toute une histoire quand leur mère oubliait leurs céréales préférées... parce qu'ils n'avaient pas de céréales préférées. La mère n'oubliait d'ailleurs pas la bonne boîte, parce qu'il n'y avait pas de belle boîte. Il n'y avait pas tant de choix ni d'occasions de préférer.

Il est certain que le petit Bengladeshi ou le petit Soudanais ne font pas de telles comédies, mais ce n'est pas parce qu'ils seraient plus raisonnables ou plus sages. Ils n'ont tout simplement pas été habitués à la boîte de céréales et ne sont pas confrontés au même monde de profusion.

Ce ne sont pas les enfants qui ont changé, mais leur environnement. Nous oublions parfois que nos enfants ne sont pas équipés pour faire face à cette société hyper stimulante.

Au lieu de les punir de leurs réactions face à cet environnement dans lequel nous les plongeons, notre rôle pourrait être de les aider à gérer ce stress, à « muscler » leur cerveau pour trier les informations.

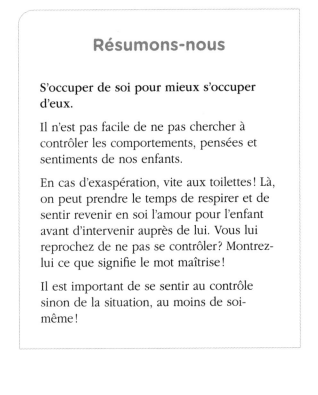

Résumons-nous

S'occuper de soi pour mieux s'occuper d'eux.

Il n'est pas facile de ne pas chercher à contrôler les comportements, pensées et sentiments de nos enfants.

En cas d'exaspération, vite aux toilettes ! Là, on peut prendre le temps de respirer et de sentir revenir en soi l'amour pour l'enfant avant d'intervenir auprès de lui. Vous lui reprochez de ne pas se contrôler ? Montrez-lui ce que signifie le mot maîtrise !

Il est important de se sentir au contrôle sinon de la situation, au moins de soi-même !

Conclusion

Prenons le temps de profiter de chaque instant de chaque étape de la vie de notre enfant. Ça passe toujours trop vite.

Il n'y a jamais qu'une seule vraie urgence :

AIMER !

Le reste, après tout,
est-ce vraiment si grave ?

Pour approfondir

ANTIER, Edwige, – *L'autorité sans fessée / Élever mon enfant aujourd'hui*, Robert Laffont. – *J'aide mon enfant à s'épanouir*, J'ai lu.

ASTINGTON, Janet Wilde, *Comment les enfants découvrent la pensée*, Retz.

BOHLER, Sébastien, *Enfants, les émotions, comment ça marche?* Aubanel.

BRAZELTON, T. Berry, *Écoutez votre enfant, comprendre les problèmes normaux de la croissance*, Petite bibliothèque Payot.

CHAPMAN,Gary, CAMPBEL, Ross, *Langages d'amour des enfants*, Farel éditions.

CORNET, Jacqueline, *Faut-il battre les enfants ?* éd. Hommes et Perspectives.

CRARY, Elizabeth, *Dealing with disappointment, Helping kids cope when things don't go their way.* www. ParentingPress.com

CRARY, Elizabeth, *365 wacky, wonderful ways to get your children to do what you want*, Parenting Press, Library Binding.

DALLOZ, Danielle, *Le mensonge*, Bayard éditions.

DUMONTEIL-KREMER, Catherine, – *Jouons ensemble…
autrement: améliorer nos relations par le jeu*, éd. La
Plage. – *Poser des limites à son enfant et le respecter*,
Jouvence éditions.

ELIOT, Lise, *Cerveau rose, cerveau bleu*, Robert Laffont.

FABER, Adele, MAZLISH, Elaine, – *Parler pour que les
enfants écoutent, écouter pour que les enfants parlent*,
RelationsPlus Canada. – *Jalousies et rivalités entre frères
et sœurs*, Stock.

FRAIBERG, S.H., *Les Années magiques*, PUF.

GORDON, Thomas, *Éduquer sans punir: apprendre
l'autodiscipline*, Marabout.

HOUDE, Olivier, *La Psychologie de l'enfant*, PUF,
Que sais-je? et avec LEROUX, Gaëlle, *Psychologie du
développement cognitif*, PUF, Licence.

LAGERCRANTZ, Hugo, *Le Cerveau de l'enfant*, Odile
Jacob.

LEONARD-MALLAVAL, Marie, *Ça mord à la crèche*,
Erès.

MAISONNEUVE, Marie-Claude, *Maman,
Papa, j'y arrive pas, Comprendre et agir sur les
causes physiologiques des difficultés scolaires et
comportementales de son enfan*t, éd. Quintessence

MAUREL, Olivier, – *La Fessée. Questions sur la violence
éducative*, éd. La Plage. – *Oui, la nature humaine est*

bonne, Robert Laffont.

MILLER, *Alice, C'est pour ton bien*, Aubier.

NEVILLE, Helen, F., *Is this a phase? Child development and parent strategies birth to six years*, www. ParentingPress.com

SUNDERLAND, Margot, *Un enfant heureux*, Pearson.

VAILLANT, Maryse, LEROY, Judith, *Range ta chambre*, J'ai lu.

Pour puiser des ressources, partager nos succès et nos difficultés de parent, découvrir de nouveaux outils et œuvrer ensemble au développement d'une nouvelle parentalité :

www.parentalite-positive.org

Davantage d'informations sur l'École des Intelligences Relationnelle et Émotionnelle ou sur les activités d'Isabelle Filliozat :

www.filliozat.net

Pour contacter Anouk Dubois et élargir les chemins des parents :

www.awareparenting.com

Remerciements

Je remercie tout d'abord mes parents, Anne-Marie et Rémy. Si vous ne saviez pas ce que nous savons aujourd'hui sur le cerveau de l'enfant, vous saviez la souffrance de l'enfant puni, humilié et frappé et vous avez été attentifs à ne jamais m'infliger ces blessures qui avaient tant marqué vos enfances. L'éducation permissive que vous m'avez offerte m'a permis d'oser penser par moi-même, de regarder le monde en étant attentive à ôter les filtres du jugement et des a priori. Vous ne m'avez jamais fait ni honte ni peur et avez ainsi prouvé qu'un enfant peut devenir une personne aimante, autonome, responsable, et impliquée socialement sans cris, punition ni coup. Vous m'avez permis de ne pas avoir à me détacher de mes sensations et émotions et donc de rester sensible à la détresse d'autrui.

Je remercie Anouk pour nos discussions préalables, pour la tendresse et l'intelligence de ses dessins, pour avoir su mettre en images ce que j'avais dans la tête et eu la patience de redessiner encore et encore jusqu'à trouver le juste trait.

Je remercie Dr Catherine Gueguen pour nos conversations stimulantes, sa relecture critique d'une première version, et l'encouragement à écrire sur les récentes découvertes scientifiques.

Je remercie Michèle Favre pour sa relecture attentive et pour son acuité à exprimer le vécu de l'enfant.

ISABELLE

Je remercie tous les enfants qui m'ont offert la possibilté d'apprendre d'eux. Tous vos sourires sont gravés dans mon cœur.

Je remercie tous les auteurs qui m'ont accompagné durant mon apprentissage de l'enfance. Un grand merci particulier et chaleureux à Alice Miller, Aletha Solther, Olivier Maurel, Maurice Berger, Jean-Pierre Relier, Suzanne B. Robert-Ouvray, Boris Cyrulnik, et à Isabelle qui m'a, en plus, donné la possibilité de vivre cette belle aventure. Merci beaucoup à toi. J'ai appris beaucoup de vous.

ANOUK

Nous remercions Anne Pidoux pour la précision de sa relecture tant des textes que des dessins, et le temps qu'elle a passé à la réalisation de cet objet complexe que vous tenez entre les mains.

Et bien sûr Isabelle Laffont pour son soutien à notre projet et sa confiance.

ISABELLE et ANOUK

Pour l'éditeur, le principe est d'utiliser des papiers composés de fibres naturelles renouvelables, recyclables et fabriquées à partir de bois issus de forêts qui adoptent un système d'aménagement durable. En outre, l'éditeur attend de ses fournisseurs de papier qu'ils s'inscrivent dans une démarche de certification environnementale reconnue.

Imprimé en Italie par Rotolito en juin 2015
ISBN: 978-2-501-07471-1
Dépôt légal: janvier 2013
4102166 / 09